ऋतु–विचार

लेखनाथ पौड्याल

ऋतुविचार
लेखनाथ पौड्याल
विधाः खण्डकाव्य

Ritu Vichar (ṛtu–vicāra)
by *Lekhnath Paudyal* (lekhanātha pauḍyāla)
Genre: Poetry

Cover design by *Manish Maharjan*
Author picture from *Madan Puraskar Pustakalaya* archive

ISBN: 9789937-9728-2-6

ऋतु-विचार

भूमिका

निःसारविरसः कायः साऽपायोऽयं क्षणक्षयी ।
परोपकारलेशेन याति संसारसारताम् ॥

विज्ञ पाठकवर्ग ! यो उही ऋतुविचार हो जो १९७३ सालमा श्रीराजगुरु खगेन्द्रराज पण्डितज्यूका कृपादृष्टिले सानू बुद्धिविनोद नामक प्रश्नावलीको साथ निर्णयसागर प्रेस बम्बईमा छापिएर प्रकाशित भएको थियो । जुन वेला मैले यसको रचना गरेथें उस वेला यसले नेपाली समाजको दृष्टिकोणमा यती सम्म प्रिय स्थान लिन शक्ला भन्ने मेरो मनमा पनि थिएन । प्रतिदिन समाजमा यसको आशाऽतीत प्रचार र खोजी भएको देख्दा मलाई बडो आनन्द लाग्यो । ऋतुविचारको नेपाली समाजले यसरी आदर गर्नाको कारण यसको योग्यतामात्र हुनु पर्दैन कि विज्ञ पाठकवर्गको *गुणायन्ते दोषाः सुजनवदने* भन्ने सूक्ति अनुसारको गुणग्राहीपना पनि हुनुपर्दछ ।

जस्तो यसको नेपाली समाजमा प्रचार भयो उस्तै गरी यसले विद्यालयहरूका पाठचश्रेणीमा समेत शुभ स्थान पाएको हुनाले मलाई यसको द्वितीय संस्करण निकाल्ने सौभाग्य प्राप्त भयो । मैले पनि यथाशक्ति यसलाई छात्रवर्गको उपयोगी बनाउनाका निमित्त केही परिवर्तित र विशेष परिवर्धित गरी नेपाली भाषाको एक तुच्छ खण्डकाव्यको स्वरूपमा पाठकवर्गको अगाडि उपस्थित गरेको छु । अधी जस्तै गरी अहिले पनि यसले समाजमा विशेष प्रेमको स्थान पाउन शक्यो

भने म आफनू परिश्रम पूर्ण सफल समझनेछु, फेरि *सूक्तीनां प्रतिभानाञ्च मञ्जरीणाञ्च जृम्भितम्। नवमेव मनोहारि...* भन्ने क्षेमेन्द्रको उक्ति अनुसार अरु पनि दुई चार किताबहरू पाठकवर्गका अगाडि चाँडै नै उपस्थित गर्ने प्रयत्न गर्नेछु।

ठवहील ८०

नेपाल।

२०२०

लेखनाथ पौड्यालय

श्रीगौरी-शङ्कराभ्यान्नमः
अथ
वसन्त-विचार

१

हिमालमा गयो जाडो लोक साऽऽनन्द देखियो
उदायो रसिलो राम्रो ऋतुराज वसन्त यो।

२

नाम-शेष भयो सारा पुरानू शिशिर-स्थिति
लियो वसन्तले अर्कै नयाँ गौरव-पद्धति।

३

ऋतु हुन् अरु पाँचोटा वसन्त ऋतु-राज हो
लोक गौरवले भर्नू यसैको मुख्य काज हो।

४

वसन्तमा समानै छन् ठण्डी गर्मी दुवै गुण
तुल्य तुल्य दया दण्ड राजाका हुन् विभूषण।

५

देखिन्छ नाऽतिशीतोष्म महिमा ऋतु-राजको
दया-दण्डज्ञ राजाको नीति भैं राजकाजको।

---

१ साऽऽनन्द : आनन्दपूर्ण।
२ नाम-शेष : नाममात्र बाँकी रहेको।
   गौरव-पद्धति : गौरवपूर्ण बाटो।
५ नाऽतिशीतोष्म : न धेरै जाडो, न धेरै गर्मी।

६

पशु-पक्षी,   लता-वृक्ष-लगायत   चराऽचर
ऋतु-नायकको गर्छ प्रेमले स्वाऽऽगताऽऽदर ।

७

सेतो कमलको छाता मञ्जरी-मय चामर
ऋतु-राजत्वका चिह्न देखिन्छन् अति सुन्दर ।

८

भुमराहरु वीणाको दिव्य भङ्गार गर्दछन्
गुण-गायक भै पक्षी गानमा तान भर्दछन् ।

९

वर्ष वर्ष लता-वृक्ष लावा भैं फुल छर्दछन्
पुतली नर्तकी-तुल्य नाचदै अघि सर्दछन् ।

१०

मलयाऽचलको वायु लगातार सिरी सिरी
कलीला पालुवा-रूप पङ्खा हम्कन्छ सुस्तरी ।

११

सजायेको छ सर्वत्र दिव्य सौन्दर्यको रथ
शान्तिको जल छर्केको खुला आनन्दको पथ ।

१२

सारा वन बगैंचामा सजायेको छ आसन
ऋतु-राज उतैबाट गर्छ त्यो शुभ शासन ।

---

६   स्वाऽऽगताऽऽदर : स्वागत तथा आदर ।
७   मञ्जरी-मय : पुष्पमञ्जरीबाट बनेको ।
१० मलयाऽचल : चन्दनको वनले परिपूर्ण मलय पर्वत ।

१३

दिव्य आनन्दको रङ्ग दिव्य कान्ति-तरङ्ग छ
दिव्य उन्नतिको ढङ्ग दिव्य सारा प्रसङ्ग छ।

१४

त्यो दिव्य रङ्ग पायेका लता-वृक्ष-वनस्पति
देखिन्छन् योग्य नेताका रैती भैं उन्नताऽऽकृति ।

१५

साना-तिना सबै-माथी फैलियेको छ गौरव
योग्यको आड पायेको बिग्रेला को कहाँ कव ?

१६

पर्दा वसन्तको दिव्य प्रभाव पृथिवी सब
विवेक-ज्योतिले शुद्ध विद्या-तुल्य बनिन् अब।

१७

हजारौं-मुख भै निस्के लता-वृक्षाऽऽदि हालमा
लयाऽवस्था बितायेका जीव भैं सृष्टि-कालमा।

१८

आँकुरा, पिपिरा, साना काइना, चिहुला, टुसा
निस्के भपक्क सर्वत्र साह्रै कलकलाउँदा।

---

१३ **दिव्य** : अलौकिक / शानदार / मनोहर ।

१४ **उन्नताऽऽकृति** : अग्ला / उन्नतितिर लम्किएका ।

१५ **कव** : कहिले ।

१७ **लयाऽवस्था** : लुकेको स्थिति ।

१८ **पिपिरा** : पाउला । **काइना** : रहल पहल रूपमा रहेका
ससाना पात र फूल। **चिहुला** : मुना / अङ्कुर ।

१९

समाते सूर्यले फेरी उत्तराऽऽकाशको गति
प्रतापीको सदाकाल किन हुन्थ्यो अधोगति ?

२०

दिनमा दीर्घता आयो, रातले लघुता लियो
ऋतु-राजत्वको सच्चा योग्यता स्पष्ट देखियो ।

२१

दीपका बीचमा मैलो धुवाँ भैं गुप्त भैकन
अली अली चढेको छ दिनमा धमिलोपन ।

२२

जुन जीवनको भाग रातको दिनमा सऱ्यो
उसैले दिनको कान्ति पक्का केही फिका गऱ्यो ।

२३

ऋतु-नायकले घाम मन्दै गर्ने लिई सुर
तुँवालाको मिहीं पर्दा लगायो कि ? सबै-तिर ।

२४

अली अली तुँवालाले छोपियेका दिगङ्गना
देखिन्छन् प्रमदा-तुल्य लज्जाले विनताऽऽनना ।

---

१९ **समाते सूर्यले...** : सूर्य उत्तरायणतिर लागे ।
२० **दीर्घता** : लमाइ । **लघुता** : छोटाइ ।
२४ **दिगङ्गना** : दिशारूपी सुन्दरी । **प्रमदा** : सुन्दरी नवयुवती ।
   विनताऽऽनना : शिर झुकाएकी ।

२५

पृथिवी छन् शुगा-रङ्गी पिपिराहरुले गरी
हरियो रेशमी सारी लायेकी प्रमदा सरी।

२६

वनमा बागमा राम्रा पुष्प लाखौं थरी फुले
कुसुमाऽऽकर यो नाम सार्थ पाऱ्यो वसन्तले।

२७

आफनू शिल्प-सौन्दर्य-महिमाको प्रदर्शिनी
खोलिन् प्रकृतिले लाखौं फूलमा मनमोहिनी।

२८

प्रत्येक पुष्पको रूप, रेखा, रङ्ग अनेक छ
तर सौन्दर्यको ज्योति उनमा भित्र एक छ।

२९

वेली, जाई, जुही, चम्पा, चमेली, मधु-माधवी
सबैमा भरिएको छ भरिलो मोहिनी छवि।

३०

पुन्नाग, कामिनी, कीप, कल्की, वकुल, मालती
साराको भिन्न-भिन्नै छ वासना रूप आकृति।

३१

बेगिन्ती पुष्पका भेद बेगिन्ती रूप वासना
एकै प्रवाहमा चल्छन् धन्य हो विधि-कल्पना।

____

२५ **पिपिरा** : आँकुरा। **प्रमदा** : नवयुवती।
२६ **कुसुमाऽऽकर** : फूलको खानी/वसन्त ऋतु। **सार्थ** : अर्थपूर्ण
३१ **विधि-कल्पना** : विधाताको सिर्जनात्मक प्रतिभा।

३२

पृथ्वीको दिव्य सौन्दर्य नअटायेर पट्ट भै
फुटी बाहिर निस्क्यो कि पुष्पका रूपमा सबै ?

३३

यस्तो सुवासना-पूर्ण पुष्पको तुल्य जीवनी
सृष्टि-सौन्दर्यका निम्ती चाहन्छन् देवता पनि ।

३४

कोही चहकिला पुष्प वासना नभये पनी
मूर्ख आडम्बरी जस्तै रूपका छन् बडा धनी ।

३५

बगैंचा सब देखिन्छ हजारौं फुलले गरी
वसन्तको बुटे तन्ना कसेको बैठकै सरी ।

३६

कलीला पालुवामाथी बिछयायेर फुलै फुल
वसन्त-श्री बसेकी छन् बनी सौन्दर्य-विह्वल ।

३७

लिई सौन्दर्य माधुर्य सौकुमार्य थपी वहाँ
पुष्पको सिर्जना गर्ने विधाता धन्य हो अहा !

३८

रसिला फुलमा आई रसिलो दक्खिना हवा
कुन कारणले होला विस्तारै गर्छ 'वाहः वाः' ।

---

३६ **वसन्त-श्री** : वसन्त ऋतुको सौन्दर्य सम्पदा ।
   सौन्दर्य-विह्वल : सुन्दरताले परिपूर्ण ।

३९

साना छुनूमुनू गर्ने बाल भैं कलिला फुल
ढुलू-मुलू भई भुल्छन् वहँदा वायु शीतल।

४०

विस्तारै फुलका साथ खेली खेली मिलीजुली
सुटुक्क वासना चोरी चल्छ सुस्तै हवा छली।

४१

देखेर आफनै जस्तो पुष्पको रूप-गौरव
मित्यारी लाउँदै फिर्छन् बागमा पुतली सब।

४२

फक्रेका फुल दाता भैं रस-धारा लुटाउँछन्
भोलामा भिक्षु भैं मौरी पोलामा त्यो जुटाउँछन्।

४३

काव्यमा रसका लोभी कवि भैं लट्टु भैकन
प्रत्येक पुष्पमा थाले भुमराहरू भुम्मिन।

४४

आनन्दी पुष्पमा कालो दुःख-रेखा-समानको
तुच्छ त्यो भ्रमर-श्रेणी के होला पात्र मानको।

४५

गुणीका गुण भैं सारा रसधारा चुसीकन
भूँ भूँ गरी उडी-दिन्छ स्वार्थी भ्रमरको गण।

---

४२ **पोला** : महको चाका।
४४ **भ्रमर-श्रेणी** : भुमराको पुञ्ज।

४६

रस-वेतनका लोभी यद्वा भ्रमर-शिक्षक
आफनू जीविका गर्छन् पढाई पुष्प-बालक।

४७

हाँसी मुसुक्क विस्तारै शिर हल्लाउँछन् फुल
भुमराको उही 'हुन्न' के होला कुनको भुल ?

४८

गुलाफको लगायेर विधिले लाल मोहर
दियेको हो कि ? वा बाग भृङ्कै भोग-खातिर।

४९

भृङ्गले रस रित्याई चुसेको पुष्प-वाटिका
देखिन्छ वैरि-विध्वस्त निर्धो देशसरी फिका।

५०

चीसो दक्षिणको हावा वहनाले सिरी सिरी
लहरा, पालुवा गर्छन् मन्द मन्द फिरी फिरी।

५१

तालका सुरमा कोही सिपालू नटको सरी
पुष्प-पल्लवको निस्क्यो हवामा नृत्य-माथुरी।

---

४६ **रस-वेतन** : पुष्परसरूपी तलब। **यद्वा** : अथवा। **भ्रमर-
शिक्षक** : भुमरारूपी मास्टर। **पुष्प-बालक** : फूलरूपी
बाल विद्यार्थी।

४८ **विधि** : विधाता। **बाग** : बगैँचा। **भृङ्ग** : भुमरा। **भोग
खातिर** : भोगका निम्ति।

४९ **भृङ्ग** : भुमरा। **पुष्प-वाटिका** : फूलको बगैँचा।
वैरि-विध्वस्त : शत्रुले लुटेको।

५२

झर्दछन् भेटनाबाट पुराना पुष्प वर्वरी
स्वर्गीय पुण्यको भोग शकेका पुण्यवान् सरी।

५३

हावाको चालमा सारा पराग गगनै भरी
फैलिंदो छ कवि-द्वारा वीरको वीरता सरी।

५४

परागै हो कि ? त्यो माथी तुँवालाको स्वरूपमा
घाम केही फिका पारी चढेको अन्तरीक्षमा।

५५

तुँवालाबाट निस्केको सूर्यको कान्ति-माधुरी
झल्कन्छ वनमा मानू सुनको तपकै सरी।

५६

वसन्तले बुनी आफैं मिहीं पल्लव-चादर
माथमा वन-देवीको चढायो कि मनोहर ?

५७

प्रत्येक वृक्षमा निस्क्यो पुष्प-पल्लव-माधुरी
संसारी जीवको रागी वासना भैं थरी-थरी।

---

५३ **गगन** : आकाश । **पराग** : फूलको वासना कण ।
५५ **तपक** : जलप ।
५६ **पल्लव चादर** : पालुवारूपी पछ्यौरा ।
५७ **पुष्प-पल्लव-माधुरी** : फूल र पालुवाको सौन्दर्य ।

५८

अशोक, महुवा, पैंज्यू, जम्बू, बकुल, चम्पक,
पलाशाऽऽदि सबै वृक्ष पुष्पले छन् झकाझक ।

५९

कुनै राता, कुनै सेता, पहेँला भावका कुनै
कुनै सुनौला देखिन्छन् आश्मानी रङ्गका कुनै ।

६०

सिंदुरे वन-लक्ष्मीका स्यूँधाको सिंदुरै सरी
देखिन्छ माझमा राम्रो तिलके तिलकै सरी ।

६१

बड़ो विशाल गम्भीर नील आकाश भैं वन
झल्कन्छन् फुलका गुच्छा तारका-तुल्य शोभन ।

६२

वनका बीचमा यौटा सिक्रो वृक्ष करीर यो
बल विद्या गुमायेको भारतैतुल्य देखियो ।

६३

लता-जञ्जालले ज्यादा जकडेका कुनै रुख
पापका बोझले ग्रस्त पापी भैं छन् अधोमुख ।

६४

लर्कई सुनगाभाको पुष्प-हार कुनै रुख
विलासी भैं इटेका छन् देखाई हँसिलो मुख ।

---

६२ **करीर** : पात नपलाउने काँडादार रुख ।

६५

साना अैंसेलुका दाना टिपदा ती टपाटप
ग्रामीण नारी सम्भन्छन् कानमा सुनका टप।

६६

निस्के नयाँ नयाँ लाखौं वृक्षमा मञ्जु मञ्जरी
रसीला प्रतिभा-शाली कविका कविता सरी।

६७

ऋषि भैं गरदै शुद्ध मञ्जरीमय भोजन
रातैमा कोइली लाग्यो स्वर्गीय सुर साधन।

६८

माधुर्य-सिन्धुको यौटा उर्लंदो लहरी-मय
त्यो दिव्य स्वरले गर्छ सारा हृदय तन्मय।

६९

अदना त्यो चरीलाई त्यो स्वर्गीय 'स री ग म'
सधाउने विधाताको धन्य हो त्यो परिश्रम।

७०

स्वर-माधुर्यको तेस्तो किन्नरै-तुल्य कोइली
रूपका लाजले हो कि बोल्छ राती भुली भुली।

७१

कोकिल-स्वर त्यो सुन्दा संयमीहरुको पनी
डग्मगाउन चाहन्छ समाधि-मय जीवनी।

---

६६ **मञ्जु** : राम्रो ।
७० **किन्नर** : संगीतमा निपुण जातिविशेष ।
७१ **कोकिल** : कोइली ।

७२

कोइलीको कुहूकार सुन्यो राती जती जती
उती उती नयाँ लाग्छ यो सारा सृष्टि-पद्धति ।

७३

कोइली-कागको भेद बोलीबाटै खुल्यो सब
मौकामा गुण जाहेर नभई रहला कव ।

७४

अघीका वेद-विज्ञाता ऋषिको भैं मनोहर
लाखौं चराचुरुङ्गीको सुनिन्छ मधुर स्वर ।

७५

कुनै काँकाँ, कुनै कुर्र, कुनै चिर्र चिरीरिरी
शब्द-सौन्दर्य-भण्डार खोली बोल्छन् थरी-थरी ।

७६

पुष्प-पल्लवका साथै पक्षीको मोद मङ्गल
जुटनाले खुलेको छ नन्दनै-तुल्य जङ्गल ।

७७

जुरेली, मुनियाँ, मैना, श्यामा, पट्टू, चिभे चरी
धोविनी सब देखिन्छन् उड्ने रागिनी सरी ।

७८

मोहिनी तिनको बोली, मोहिनी भाव-भङ्गि छ
अङ्ग अङ्ग-विषे भिन्नै मोहिनी रङ्गि-चङ्गि छ ।

---

७४ **वेद-विज्ञाता** : वेदविद्यामा निपुण ।

७६ **मोद** : आनन्द । **नन्दन** : स्वर्गका राजा इन्द्रको बगैंचा ।

७७ **रागिनी** : सङ्गीतका विविध स्वरहरू ।

७९

त्यो दिव्य रङ्गमा तेस्तो दङ्ग भै ती चरी सब
मनाउँछन् गला खोली स्वर्गीय कुन उत्सव ?

८०

गन्धर्व-जातिको यद्वा यद्वा किन्नर-जातिको
दिव्य गाना शिकेका छन् तिनले भाँति-भाँतिको ।

८१

त्यो चरीको चुचाबाट निस्केको शब्द-माधुरी
उही यथार्थ सम्झन्छ जुन होला उही चरी ।

८२

बोल्ने उड्ने लाखौं खिलौना काखमा धरी
पालुवामा वसन्त-श्री खेल खेल्लिछन् थरी-थरी ।

८३

हेर्दा वसन्त-लक्ष्मीको तेस्तो त्यो मोहिनी छवि
हृदयाऽऽकाशमा दोब्रै निस्कन्छन् प्रेमका रवि ।

८४

प्रत्येक वृक्षमा पक्षी आनन्दी गान गाउँछन्
त्यो सुन्दा जङ्गली जन्तु तल भैंमा रमाउँछन् ।

८५

पवित्र प्रेम-गङ्गामा गर्दै नित्य निमज्जन
थाले हरिणका झाँक हरिणी-सित खेलन ।

---

८० **गन्धर्व-जाति / किन्नर-जाति** : गानविद्यामा निपुण जातिविशेष ।
८३ **वसन्त-लक्ष्मी** : वसन्त ऋतुको शोभा ।
८५ **निमज्जन** : डुबुल्की मार्ने क्रिया । **झाँक** : भाले हरिणहरू ।

८६

पशु-पक्षी, लता-वृक्ष सबैको भित्र लक्ष्यमा
भल्की-रहेछ आनन्दी प्रेम-सौन्दर्य-पूर्णिमा।

८७

गौंथलीहरु साऽऽनन्द योग्य जोडी मिलीकन
माया चेतन भैं थाले गुण-कृत्य जमाउन।

८८

पालुवा फुल भैं राम्रा हलुका कपडाकन
पहिरी दुनियाँ लाग्यो वसन्तैको सखा हुन।

८९

कसैको अब जाँदैन भट्टा कन्था-विषे मन
कालाऽनुसारी सारज्ञ कवि भैं छन् सबै जन।

९०

दवाई जेबमा चम्पा लागे रसिक घूमन
सुगन्धका कुनै साक्षात् मूर्तिजस्ता बनीकन।

९१

वियोगी पान्थका आगे रसिलो ऋतु-नायक
भयो भारतका लेखा कलि भैं दुःख-दायक।

---

८७ **माया चेतन भैं** : प्रकृति र पुरुष भैं। **गुण-कृत्य** : गुँड
बनाउने काम।

८९ **कन्था** : भुत्रो लुगा कपडा। **कालाऽनुसारी** : समय
अनुसार चल्ने। **सारज्ञ** : सार कुरा बुझ्ने/मर्मज्ञ।

९१ **पान्थ** : आफ्ना प्रियजनबाट विरहित बटुवा।

९२

कन्याङ्कुरुङ्को पङ्क्ति एकतामा जमीकन
सभ्य संसार भैं थाल्यो उत्तरोत्तर लम्कन।

९३

त्यो मानू मधु-लक्ष्मीका माथको भृङ्ग गुञ्जित
नील-पङ्कज-माला भैं देखिन्छ क्षण-लम्बित।

९४

बेंसी हिउंदमा झर्छ वर्षामा लेक पस्तछ
पहाडिया गृहस्थी भैं क्रौञ्चको श्रेणि बस्तछ।

९५

गाम बेंसी गरी लम्बा बिचरा ती चरा सब
जीवन-क्रमको शिक्षा स्पष्ट दिन्छन् सगौरव।

९६

तडागमा खडा फेरी भयो कमलको वन
भित्री बीज छँदा सम्म मासिन्थ्यो र कुरा कुन ?

९७

नागले ऋतु-सौन्दर्य हेर्नलाई उँभो-तिर
पानीबाट निकाले कि पद्मका रूपमा शिर ?

____

९२ **उत्तरोत्तर** : उत्तरै उत्तर दिशा / निरन्तर उन्नति ।

९३ **मधु-लक्ष्मी** : वसन्तको शोभा । **भृङ्ग गुञ्जित** : भुमराको
मधुर आवाजले गुँजेको । **नील-पङ्कज-माला** : नीला
कमलको लहर । **क्षण-लम्बित** : एकैछिन लहरिएको ।

९४ **क्रौञ्च** : कन्याङ्कुरुङ् पक्षी । **श्रेणि** : समूह ।

९५ **सगौरव** : गौरवसहित ।

९६ **तडाग** : तलाउ ।

९७ **पद्म** : कमलको फूल ।

९८

लक्ष्मीको वास त्यो खास देखी कमल पुष्पित

भुन्न भुन्न गरी हर्दं घुम्न थाले मधु-व्रत।

९९

हिलैमा भ्यागुतो बस्छ हिलैमा कमल-स्थिति

स्थानले मात्र के गर्नू भिन्नै छ गुणको गति।

१००

संसार नाट्य-शालाका छ पर्दा-मध्य वास्तव

ज्यादा वसन्त-पर्दामा खुशी छ जगतै सब।

१०१

बहुत कम हुनाले काव्यको भङ्गि भाव

अलिकति मलिनै भो यो वसन्त-प्रभाव।

भनिकन पहिले नै केहि सङ्कोच-साथ

बुधजनसँग विन्ती गर्छ यो 'लेखनाथ'।।

इति वसन्त-विचार

---

९८ **मधु-व्रत** : भुमरो।
१०० **नाट्य-शाला** : नाटक घर।
१०१ **बुधजन** : विद्वान् जन।

अथ
ग्रीष्म-विचार

१

लेखी देखे-बुभ्रेसम्म वसन्त-महिमा सब
कविको लेखनी दौडद्यो ग्रीष्म-वर्णनमा अब।

२

राम्रो वन-बगैंचाको वासन्ती कान्ति मन्द भो
मानू स्वर्गीय गङ्गाको मधुर स्रोत बन्द भो।

३

पुगे शनैः शनैः सूर्य मध्य आकाशमा अब
देखायेर परा काष्ठा उत्थान-क्रमको सब।

४

प्रतापीको प्रतापाऽग्नि-शिखा जस्ता कडा दिन
दबाई जगतैलाई अब थाले खडा हुन।

५

शके-सम्म करद्वारा पृथ्वीको रस खींचन
अविवेकी विजेताभैँ सूर्य लागी-रहेछन।

---

१ **लेखनी** : कलम।
२ **वासन्ती** : वसन्त ऋतुसम्बन्धी।
३ **शनैः शनै** : विस्तारै विस्तारै। **परा काष्ठा** : चरम
   सीमा। **उत्थान-क्रम** : माथि उठ्ने क्रम।
४ **प्रतापाग्नि-शिखा** : प्रतापरूपी आगोको ज्वाला।
५ **करद्वारा** : किरणद्वारा।

६

धपक्क भै बलेका छन् घामले दिन बेसरी
दीपकाऽऽभ्यासमा व्यग्र विद्वान्का इन्द्रियै-सरी ।

७

रश्मिका रूपमा ताता बस्सिेर तिखा सिया
सूर्यले गर्न आँटे कि विश्वगोल छिया-छिया ।

८

विषले मत्मतायेका काला काला भुजङ्गको
फुङ्गार भैं बढेको छ दन्दनाहट घर्मको ।

९

सन्तापले गरी ज्यादा आकाशै धप्प भैकन
ज्वाला-जाल निकालेर बलने हो कि दन्दन ?

१०

त्यो नीलभाग माथिल्लो सारा विश्व-कटाहको
दागै हो कि त यै चर्का ग्रीष्मका उग्र दाहको ?

११

संसार-भर ठण्डीको नामै छैन कतै-तिर
जता जाऊ उतै खाली गरमीको कडा पिर ।

---

६ **दीपकाऽऽभ्यास** : बलिरहेको दियोलाई हेर्ने विशेष योगक्रिया ।

७ **रश्मि** : किरण । **विश्वगोल** : विश्वरूपी डल्लो ।

८ **भुजङ्ग** : सर्प । **घर्मको** : घामको ।

९ **ज्वाला-जाल** : आगाका लप्काहरू ।

१० **विश्व-कटाह** : संसाररूपी ठूलो कराही ।

१२

घामको नाम पारेर कालले अति उत्कट
आफ्ना लय-लीलाको देखायो चम्चमावट।

१३

गरमीको कडा मुस्लो सल्कायेर सबैतिर
भसक्कै पार्न आँट्यो कि विधिले सृष्टि सुन्दर ?

१४

जल तात्यो, हवा तात्यो, तात्यो गगन भूतल
सन्तको सङ्ग भैं यौटा वृक्षच्छाया छ शीतल।

१५

गर्छन् विश्राम निर्धक्क बटुवा वृक्षका मनि
आडमा योग्य नेताको दुनियाँ भैं सुखी बनी।

१६

जल शुक्तै गयो सारा पृथ्वीबाट घरी-घरी
कराल कलिले गर्दा धर्मको महिमासरि।

१७

साना तिना नदी-नाला नाम-शेष बने सब
विना गाम्भीर्यको व्यक्ति रहन्थ्यो तापमा कव ?

____

१२ **लय-लीला** : प्रलयको खेल।
१३ **विधि** : विधाता।
१४ **गगन** : आकाश। **सन्तको सङ्ग** : सज्जनको सङ्गत।
१६ **कराल** : भयङ्कर।
१७ **नाम-शेष** : नाममात्र बाँकी रहेको।

१८

देखिन्छ उनमा तातो बलौटो अब केवल
विरसी मूर्खको क्रूर चित्त भैं धर्म-सङ्कुल।

१९

बालुवा टेकनासाथ पैतालाकन पोल्दछ
पाद-प्रहारको मानू जवाफै स्पष्ट बोल्दछ।

२०

टाढा टिलपिलायेको जलजस्तै मनोहर
मसिना बालुवामाथी झल्कन्छन् सूर्यका कर।

२१

विशाल मृगतृष्णा त्यो झल्कँदा दूर चम्चम
देखने व्यक्तिमा पर्छ बड़ो आश्चर्यको भ्रम।

२२

कुनै त्यो मृगतृष्णामा चाँदीको भाव धर्दछ
पानीका भानले कोही दौड़ँदै अघि सर्दछ।

२३

नगीचमा पुगी हेर्दा न त्यो चाँदी न त्यो जल
झल्कन्छ आँशुका साथै कठै! दुर्भाग्यको छल।

---

१८ **विरसी** : नीरस। **धर्म-सङ्कुल** : धर्मका नाउँमा
साँगुरिएको।

१९ **पाद-प्रहार** : खुट्टाको आघात।

२० **कर** : किरण।

२१ **मृगतृष्णा** : टल्किएको तातो बालुवामा
जलस्रोतको भ्रान्ति।

२४

घामकै डरले हो कि ? ठूला नद-नदी सब
लुकाई लहरी-नृत्य खस्के तल-तलै अब ।

२५

श्वास-प्रश्वासको मात्र दिंदै दुःखित सूचन
गर्छन् पहाडिया खोला डण्डूरैभित्र हुन्हुन ।

२६

नष्ट भो घामले गर्दा हवाको शीतलोपन
रहन्थ्यो क्रोधका साथ दयाको आँकुरो किन ?

२७

बतास चल्दै चल्दैन, चलिहाल्यो भने पनी
उष्मताले शकेसम्म बलेको हुन्छ दन्दनी ।

२८

विधिले उग्र गर्मीको यो खलाँती फुकीकन
पसीना-रूपमा मस्ती गलायो लोकको किन ?

२९

न तुँवालो, न ता मेघ, न हुस्सू छ, न ता हिम
घन्क्यो घनक्क सर्वत्र घामको जय-डिण्डिम ।

---

२४ **लहरी-नृत्य** : नागबेली परेको जलप्रवाह ।

२५ **डण्डूर** : गहिरो खाँच ।

२७ **उष्मता** : तातोपन ।

२८ **खलाँती** : आगो फुक्ने छालाको थैलो ।

२९ **हिम** : हिउँ । **जय-डिण्डिम** : विजयको उद्घोष ।

३०

बन्यो मशान भैं शून्य तातेका दिनको स्थिति
निस्कँदैन कतै कोही माखोतक सितीमिती ।

३१

निस्क्यो भने कतै कोही ग्रीष्मका उग्र घाममा
देहभन्दा अघी प्राण पुग्न चाहन्छ ठाममा ।

३२

मणि-मन्त्रादिले रुद्ध नाग भैं हत-गौरव
छत्र्ट-पट्ट गरी बस्छ गर्मीले जगतै सब ।

३३

शिरमा सूर्यको ताप, मनमा विरहाऽनल
बटुवा कुन होवैन बाटामा जीवनाऽऽकुल ?

३४

तन गर्छ जलेवाको प्रशंसा, मीनको मन
प्राण भन्छ म चाहन्छु मेघको दिव्य जीवन ।

३५

पृथिवीभर गर्मीको प्रवाहकन जाँचने
कुलातुल्य ठुला रस्ता ताता भत्भति पोलने ।

---

३० **माखोतक** : झिँगोसम्म पनि ।

३१ **देह** : शरीर ।

३२ **मणि-मन्त्रादिले रुद्ध** : मणि र मन्त्रको साधना र सिद्धिको शक्तिले
नियन्त्रित भएको । **नाग** : सर्प । **हत-गौरव** : गौरव समाप्त भएको ।

३३ **विरहाऽऽनल** : विरहको सन्ताप । **जीवनाऽऽकुल** : जीवनदेखि व्याकुल ।

३४ **तन** : शरीर । **जलेवा** : पानीमा बस्ने एक प्रकारको पक्षी । **मीन** : माछो ।

३६

ताता सड्कमा ताता पसिनाकन खल्खली
चुहाई चल्दछन् पान्थ कष्ट-साथ गली गली।

३७

स्याँस्याँ भै दम उर्लन्छ, शुकेको छ सबै मुख
पियारो मित्र भैं लाग्छ त्यो वेला मार्गको रुख।

३८

देखिन्छ पसिना-पूर्ण पान्थको मुख त्यो घरी
रातो चुलुम्म पानीमा बुडेको कमलै सरी।

३९

बिचरा बीच बाटाको जल-शून्य कुवाकन
थाले पुलुक्क हेरेर आँशुले पूर्ण पारन।

४०

प्यासका साथमा श्वास, श्वाससाथै निराशता
उर्लेर गर्न चाहन्छन् पान्थको दिव्य पान्थता।

४१

हाली अनन्त सुस्केरा हिंडदा हिंडदा जल
जब पायो अनी आयो नवीन बल-मङ्गल।

---

३६ **पान्थ** : बटुवा ।
३७ **मार्ग** : बाटो ।
३८ **पान्थ** : बटुवा । **बुडेको** : डुबेको ।
४० **पान्थ** : बटुवा । **दिव्य पान्थता** : अलौकिक यात्रा/मृत्यु ।
४१ **बल-मङ्गल** : बलरूपी मङ्गल ।

४२

त्यो वेला त्यो सुधा-तुल्य पियेर जल कल्कली
लेट्दा चित्तमा फुल्छ स्वर्गीय सुखको कली।

४३

आमा-समानकी निद्रा तत्कालै भ्रप्प आउँछे
काखमा बटुवालाई राखी दर्द बुझाउँछे।

४४

बिउँभ्यो मृति-मूर्छाको अन्त्यमा वासनासरि
धूमधाम उही घाम, उही बाटो कठैवरी !

४५

दुःखीका दुखको याद दैवका मनमा भये
त्यो चर्को घामको पर्दा तत्कालै उल्टने थिये।

४६

भीष्म-सन्तापले   पूर्ण   शकुनि-ध्वनि-सङ्कुल
कृष्ण-कादम्बिनी-शून्य जुवा भैं छ नभस्तल।

---

४२ **सुधा-तुल्य** : अमृतसरह । **कली** : कोपिला ।

४४ **मृति-मूर्छा** : मृत्युसरहको मूर्छा । **वासनासरि** : पूर्वजन्मको संस्कारसरह ।

४६ **भीष्म-सन्ताप** : खपिनसक्नुको गर्मी/भीष्म पितामहको विवशतापूर्ण मनस्ताप । **शकुनि-ध्वनि-सङ्कुल** : प्यासले तड्पिएका पक्षीहरूको कोलाहलले व्याप्त/कपटी जुवाडे शकुनिको उन्मत्त ध्वनिले व्याप्त । **कृष्ण-कादम्बिनी-शून्य** : कालो मेघ नछाएको/घनश्याम श्रीकृष्णको अनुपस्थिति भएको । **नभस्तल** : आकाश । (यहाँ श्लेष अलङ्कारद्वारा ग्रीष्म ऋतुको उराठलाग्दो आकाशलाई महाभारतको कपटपूर्ण जुवासँग दाँजिएको पाइन्छ)

४७

कराउँदै घुमेको छ काकाकूल घरी घरी
कान्ता खोजन निस्केको पान्थको प्राण भैं गरी ।

४८

मेघ-मार्ग घुमी सारा नपाई मेघ-दर्शन
त्यो मेघ-भक्त लाग्यो कि मेघ-महलार गाउन ?

४९

अथवा त्यो गई माथी विधातासँग शोकको
विकराल सबै हाल भन्न लाग्यो कि लोकको ?

५०

गम्भीर गगनै यद्वा ठानी स्वर्गीय सागर
पानीखातिर त्यो मानी लम्कँदो छ उँभोतिर ।

५१

यद्वा विष्णुपदी होलिन् यै विष्णुपदमा भनी
घुमी आकाश-गङ्गाको गर्छ त्यो उग्र खोजनी ।

---

४७ **काकाकुल** : मेघबाट वर्षिएको पानीमात्र पिउने प्रसिद्ध पक्षी । **कान्ता** : प्रिया । **पान्थ** : बटुवा ।

४८ **मेघ मार्ग** : आकाश । **मेघ-महलार** : पानी पार्ने सामर्थ्य भएको विशेष शास्त्रीय सङ्गीत ।

४९ **विधाता** : विश्वस्रष्टा । **विकराल** : डरलाग्दो ।

५० **गम्भीर गगनै....** : (गहिरो आकाशलाई नै स्वर्गको समुद्र ठानेर पानी पाउने आशाले त्यो काकाकुल माथि-माथितिर उड्दै गएको पो हो कि ? भन्ने उत्प्रेक्षा गरिएको)

५१ **यद्वा** : अथवा । **विष्णुपदी** : गङ्गा । **विष्णुपद** : आकाश ।

५२

त्यो निराधारमा तेस्तो निकाली करुण स्वर
नत्र त्यो घाममा घुम्दै किन जाला उँभोतिर ?

५३

जलाशयहरूनेर   तुच्छ   जीवनखातिर
मरे पनि झुकायेन धीर चातकले शिर।

५४

सुन्दा चातकको तेस्तो तिर्खले व्याकुल ध्वनि
नौनीसमान पग्लन्छ छाती पत्थरको पनि।

५५

त्यो मानी पक्षिको तेस्तो त्यो पानी-व्रत धन्य छ
जसको इन्द्रमा मात्र भक्तिभाव अनन्य छ।

५६

अरू साना-तिना पक्षी वनका भित्रभित्र छन्
रसिला वृक्षका पत्र उनका दिव्य मित्र छन्।

५७

बिचरा ती चरालाई न चाराको उमङ्ग छ
न कुनै वन्य-लीलाको भाव-भङ्गि-तरङ्ग छ।

---

५२ **निराधार** : आधारविनाको आकाश।

५३ **जलाशय** : पानीको स्रोत। **चातक** : काकाकुल पक्षी।

५४ **चातक** : काकाकुल पक्षी।

५५ **मानी** : आकाशबाट झरेको पानीमात्र पिउने पक्का
इरादा लिएको / स्वाभिमानी।

५७ **वन्य-लीला** : वन जङ्गलमा गरिने विभिन्न खेल। **भाव-
भङ्गि-तरङ्ग** : विभिन्न भावको मीठो अनुभूति।

५८

ज्वाला-जाल फिँजारेको खडेरी-रूप दानव
देखी डरी डरी दप्के किन्नरी भैं चरी सब ।

५९

वैलाये घामले राम्रा भरिला पुष्प-पल्लव
दारिद्रचले डढायेका दुःखी भैं गत-गौरव ।

६०

माथि माथि सबैतर्फ फर्र फाली भुवाकन
अग्लो शिमल लाग्यो कि सेतो मेघ बनाउन ?

६१

विद्वेषको विशेषज्ञ धीरका मनमा सरी
प्रभाव घामको बाक्ला वनमा पर्छ बाहिरी ।

६२

अँध्यारा अत्मरा, खोल्सा, गुफा, डण्डूर यी सब
तापाऽऽर्त पशु-पक्षीका विश्राम-स्थान छन् अब ।

---

५८ **ज्वाला-जाल** : घामको असह्य रापरूपी आगाको ज्वाला ।
किन्नरी : मीठो गान गर्ने कुनै देवयोनिमा जन्मिएकी
नारी ।

५९ **पुष्प-पल्लव** : फूल र पालुवा । **गत-गौरव** : गौरव
गुमाएका ।

६१ **विद्वेषको विशेषज्ञ......:** (रहस्यवेत्ता धैर्यशाली व्यक्तिका
बाहिरी मनमा मात्र भगडाको प्रभाव परेजस्तै बाक्ला
वनमा पनि घामको प्रभाव बाहिरी सतहमा मात्र पर्छ)

६२ **अत्मरा** : खोँच । **डण्डूर** : गहिरो खोँच । **तापाऽऽर्त** :
सन्तापले पीडित ।

६३

असह्य तापका मारे हिजो आज सबै जन
नैष्कर्म्य-सिद्ध योगी भैं घुम्न थाले वनै-वन।

६४

हिम, चन्दन, कस्तूरी, मुक्ताहार, मृणालमा
व्यग्र देखिन्छ अत्यन्त विलासी-वृन्द हालमा।

६५

खेतमा खेतिवालाका रमणी-जन हालमा
पैह्नन्छन् पसिना-रूप मुक्ताऽऽभूषण भालमा।

६६

निःशङ्क पिउँछन् पानी सिंहका साथमा मृग
एक-देशीयको हुन्छ दुःखैमा ऐक्य सम्भव।

६७

पहिल्यै वन गर्मीले उसिनेको समान छ
डढेलो उसमा फेरी, दुःखको के बयान छ ?

---

६३ **नैष्कर्म्य-सिद्ध** : निष्काम कर्मद्वारा सिद्ध बनेका।

६४ **हिम** : हिउँ। **मुक्ताहार** : मोतीको माला। **मृणाल** : कमलका
डाँठभित्र पाइने तन्तु। **विलासी-वृन्द** : सौखीनहरूको
जमात।

६५ **रमणी-जन** : सुन्दर युवतीहरू। **मुक्ताऽऽभूषण** :
मोतीका गहना। **भालमा** : निधारमा।

६६ **निःशङ्क** : शङ्कारहित भएर। **एक-देशीय** : एउटै स्थानमा
बस्नेहरू। **ऐक्य** : एकता।

६८

निकाली अग्निको ज्वाला आपसैमा भिडीकन
कुरुवंशी-सरी थाल्यो वंश-श्रेणी विनाशिन।

६९

वेगसाथ बढेको छ डढेलो वनमा अति
हिन्दूमा सर्वसंहारी फूट भैं भीषणाऽऽकृति।

७०

उताबाट उता सल्क्यो, उताबाट उतातिर
गर्दै चटचटाऽऽकार छोपिहाल्यो सबैतिर।

७१

डढेलाले निल्यो भट्टै भार पात दुवैथरी
कर्म-सञ्चित, आगामी विज्ञान-ज्योतिषै-सरी।

७२

ठूला फेदविषे आगो सल्केका वृक्ष हुन् जुन
उनी प्रारब्ध भैं थाले सुस्तसुस्तै बिलाउन।

---

६८ **कुरुवंशी-सरि** : कौरवहरू भैं। **वंश-श्रेणी** : बाँसहरू।

६९ **सर्वसंहारी** : सबैको विनाश गर्ने। **भीषणाऽऽकृति** :
भयानक अनुहार भएको।

७० **चटचटाऽऽकार** : चट् चट् आवाज गर्ने आगो।

७१ **कर्म-सञ्चित** : सञ्चित गरिएको कर्म। **विज्ञान-
ज्योतिष** : ज्योतिषरूपी विज्ञान।

७२ **प्रारब्ध** : पूर्वजन्मका कर्मको फल।

७३

तातो लपलपायेको रातो जिभ्रो भिकीकन
कराल काल लाग्यो कि ? लपक्कै लोक चाटन ।

७४

स्याँ स्याँ गरी निकालेका जिभ्रो जस्ता बडा तिखा
देखिन्छन् टोडकाबाट वृक्षमा अग्निका शिखा ।

७५

रुन्छन् कठै !! कुनै वृक्ष ठाडै चीं चीं गरी गरी
रस-रूप सफा आँशु चुहाईकन वर्वरी ।

७६

घरी भार, घरी पात, घरी वृक्ष, घरी लता
भस्म पारी डढेलाले उडायो वनको पता ।

७७

आगाका डाहले माथी उडेका बिचरी चरी
डढेलामा गिरे फेरी घामका तापले गरी ।

७८

राती पाखा-पखेरामा देखिन्छ देव-माधुरी
कृष्णका कटिको लामू दिव्य पीताऽम्बरैसरि ।

---

७३ **कराल** : डरलाग्दो । **लोक** : संसार ।
७४ **शिखा** : ज्वाला ।
७५ **रस-रूप** : रसरूपी ।
७६ **पता** : ठेगाना/परिचय ।
७८ **देव-माधुरी** : देवताको मधुर झल्को । **कटि** : कमर ।
   पीताऽम्बर : पहेँलो रेशमी वस्त्र ।

७९

प्रत्यक्ष सर्वसंहारी महामारी-समान यो
आगाले जङ्गली जीव नाम-शेष गरी-दियो ।

८०

वृष्टि छैन, कडा घाम बढदो छ प्रतिक्षण
डढेलो उसमा फेरी के रहन्थ्यो कठै !! वन ?

८१

डढेलाले डढायेको वन देखिन्छ यो घरी
नवाबले प्रतापाऽग्नि सल्केको भारतै-सरी ।

८२

उडायो ग्रीष्मले सारा वसन्त-कृत गौरव
नीच पापी दुरात्माले सन्तको कीर्ति भैं सब ।

८३

यौटा गुलाफको पुष्प यस्तो ताप पनी सही
दुरुस्त अघिको जस्तै फुलेको छ जहाँ-तहीं ।

८४

उपकारी महात्माको चित्त भैं स्वच्छ कोमल
देखिन्छ भाग्यले यौटा शिरीष-तरुमा फुल ।

---

७९ **सर्वसंहारी :** सबैको संहार गर्ने । **नाम-शेष :** नाममात्र
बाँकी रहेको ।

८१ **नवाब :** मुगल बादशाहको प्रतिनिधि । **प्रतापाऽग्नि :** रोब
रवाफरूपी आगो ।

८२ **वसन्त-कृत :** वसन्त ऋतुले रचना गरेको ।

८४ **शिरीष-तरु :** शिरीषको रुख ।

८५

गम्भीर जलको भित्री तहमा नडुबीकन
संसार-भर पायिन्न आनन्दी शीतलोपन।

८६

क्षणिकाऽऽनन्दमा लुब्ध जीव भैं मोहजालमा
जलमा मग्न भै गोता लिन्छन् रसिक हालमा।

८७

निस्कनु दबिनु-रूप विश्व-क्रम-निदर्शन
देखायेर सबै गर्छन् उन्मज्जन निमज्जन।

८८

देखिन्छन् जलमा पौडी खेलने ती थरी-थरी
दिव्य आनन्द-गङ्गाका सजीव लहरी-सरी।

८९

अस्ताऽद्रिका चुलीबाट घर्क्यो घाम अली जब
जलवासी अनी हाँसी निस्कन्छन् तीरमा सब।

---

८५ **गम्भीर** : गहिरो ।

८६ **क्षणिकाऽऽनन्द** : एकै छिनको आनन्द । **लुब्ध** : लोभी ।
जीव : प्राणीहरू । **मोहजालमा** : मायामोहको जालोमा ।

८७ **विश्व-क्रम-निदर्शन** : संसार चक्रको उदाहरण । **उन्मज्जन
निमज्जन** : डुब्ने र उत्रिने क्रिया ।

८८ **आनन्द-गङ्गा** : आनन्दरूपी गङ्गा । **सजीव** : जीवन्त ।

८९ **अस्ताऽद्रि** : घाम अस्ताउने पर्वत । **जलवासी** : पानीमा
बस्नेहरू ।

६०

ग्रीष्ममा सूर्यको छैन चन्द्रको भैं प्रशंसन
भला हुन्थ्यो सदा काल कहाँ ज्यादा गरंपन ।

६१

दिन रात दुवैको छ चौथो याम मनोहर
चतुर्थाऽऽश्रम भैं आर्यजातिको शान्ति-मन्दिर ।

६२

दिनमा जीवनाऽऽशाको लहरा जो हराउँछ
चन्द्रिकाऽमृत पायेर रातमा त्यो पह्लाउँछ ।

६३

उदयाऽचलमा चारु निस्कँदा चन्द्र-मण्डल
ढकमक्क भई फुल्छ मनःकुमुद निर्मल ।

६४

चन्द्रको चाँदनी स्वच्छ लिनलाई थरी-थरी
अटालीमा चढी बस्छन् रातमा च्याखुरा-सरी ।

---

६० **प्रशंसन** : प्रशंसा । **भला** : असल । **सदा-काल** :
सर्धैंभरी ।

६१ **चौथो याम** : अन्तिम प्रहर । **चतुर्थाऽऽश्रम** : सन्यास
आश्रम। **आर्य-जातिको** :हिन्दूसनातन धर्मावलम्बीहरूको।
शान्ति-मन्दिर : शान्तिको आश्रय ।

६२ **जीवनाऽऽशा** : जीवनको आशा । **चन्द्रिकाऽऽमृत** :
चाँदनीरूपी अमृत ।

६३ **उदयाऽचल** : चन्द्रमा उदाउने पर्वत । **चारु** : मनोहर ।
मनःकुमुद : मनरूपी कमल ।

६४ **च्याखुरा** : चाँदनी पिएर आनन्दित हुने चकोर पक्षी ।

९५

प्रचण्ड घामले गर्दा शुष्क-प्राय चराचर
रसाई चन्द्रले पारे सार्थ नाम सुधाकर ।

९६

कर्पूर-द्रव भैं चीसो चन्द्रको दिव्य चाँदनी
पर्दा सर्र रसायेर अङ्कुराउँछ जीवनी ।

९७

बिहानीपखको राती मिल्छ जो शीतलो-पन
विश्वको त्यो उभिन्नामा भ्रुण्डियेको छ जीवन ।

९८

सुती-रहन्छ दुनियाँ सूर्योदय हुँदा पनि
अविद्याले अँठ्याएको वृद्ध भारत भैं बनी ।

९९

लाग्छ लामू कडा तातो दिन कल्प-बराबरी
ठण्डा रात बितीदिन्छ मानू एकै पलासरि ।

---

९५ **शुष्क-प्राय** : प्राय: सुकिसकेको । **चराचर** : समस्त जगत् । **सार्थ** : सार्थक । **सुधाकर** : अमृत भैं किरण भएको/चन्द्रमा ।

९६ **कर्पूर-द्रव** : कपूरको रस । **दिव्य** : अलौकिक ।

९७ **उभिन्नामा** : भ्रुन्ड्याउने किलामा ।

९८ **अविद्या** : अज्ञान । **वृद्ध भारत** : पुरानो भारतवर्ष ।

९९ **कल्प-बराबरी** : हजारौं युग बराबर । **एकै पल** : ज्यादै थोरै समय ।

१००

के गर्छ नक्कली पङ्ख्ना, के गर्छन् हिम, सर्बत
चूर्ण हुन्न विना मेघ, गर्मीको पूर्ण बर्गत।

१०१

भरसक पढि सारा ग्रीष्मको यो विचार
    मनबिच लिनुहोला क्यै भयेदेखि सार
भनि सविनय लत्री नित्य जोडेर हात
    विनति सुकविलाई गर्छ यो ‘लेखनाथ’।

इति ग्रीष्म-विचार

---

१०० **हिम** : हिउँ। **चूर्ण हुन्न** : समाप्त हुँदैन। **बर्गत** : सामर्थ्य।
१०१ **सविनय** : विनम्रतापूर्वक। **सुकवि** : असल कवि।

अथ
वर्षा-विचार

१

ग्रीष्मको गरमी-भित्र घुमी खायेर चक्कर
कविको लेखनी दौड्यो वर्षा-वर्णन-खातिर।

२

प्रजाको हर्षका साथ जल-वर्षा गरीकन
आई-पुगी प्रिया वर्षा वर्ष-तुल्य बने दिन।

३

समुद्र चिर्दैं उत्रेका मत्त दिग्गजको छटा
झल्काई गर्जंदै निस्क्यो चौतर्फी घनको घटा।

४

सुन्दा दिगन्तमा दूर मेघको धीर गर्जन
मनो-मयूर उफ्रन्छ लोकको दङ्ग भैकन।

५

छोडी क्षितिजको रेखा सुस्त-सुस्तै उँभोतिर
मैनाक-तुल्य त्यो कालो उठायो मेघले शिर।

---

१   **लेखनी** : कलम ।

२   **वर्ष-तुल्य...** : दिन लामा भए ।

३   **मत्त** : मदले उन्मत्त भएका । **दिग्गज** : (पौराणिक आख्यानअनुसार)
पूर्व पश्चिम आदि दिशालाई थाम्ने विशालाकार हात्ती । **छटा** :
शोभा । **घनको घटा** : बादलको पुञ्ज ।

४   **दिगन्त** : पूर्व पश्चिम आदि दिशाको अन्तिम छेउ । **धीर** :
गम्भीर । **मनो-मयूर** मनरूपी मुजुर । **लोकको** : जनताको ।

५   **क्षितिज** : धरती र आकाश जोडिने ठाउँ । **मैनाक** : हिमालयको
पुत्र मानिने पर्वतविशेष ।

६

देखिन्छ नयनाऽऽनन्दी उसको कान्ति-माधुरी
टलक्क टल्कने चिल्लो नील पर्वतको सरी ।

७

खिँची लपलपाऽऽकार तर्बार बिजुलीमय
गर्जन्छ रणमा मत्त वीर भैं मेघ निर्भय ।

८

शिवले विष भैं सारा चर्को गर्मी पिईकन
थाल्यो कि बिजुली-जिभ्रो काढी मेघ मडारिन ?

९

घरी मिलिक्क मिल्कन्छ घरी गडगडाउँछ
घरी त्यो नगरा-तुल्य जोरले घुहुनाउँछ ।

१०

अथवा जलको भारी गहुङ्गो भै गली गली
चल्छ त्यो बिजुली-रूप लट्ठी टेकी अली अली ।

११

बिजुली नामको यद्वा छहरो अति निर्मल
स्वर्धुनीको खसेको हो छिचोली मेघ-जङ्गल ?

---

६ **नयनाऽऽनन्दी** : आँखालाई आनन्द दिने । **कान्ति-माधुरी** : मधुर सौन्दर्य ।

७ **लपलपाऽऽकार** : लपलपाउँदो आकार भएको । **बिजुलीमय** : आकाशमा चम्किने बिजुलीले बनेको । **रण** : लडाइँ ।

८ **बिजुली-जिभ्रो** : बिजुलीको चम्काइरूपी जिभ्रो ।

९ **नगरा** : दमाहाजस्तै ठुलो प्रकारको बाजा ।

११ **यद्वा** : अथवा । **स्वर्धुनी** : आकाश गङ्गा ।

१२

यस्तै छ जीवन-ज्योति अँध्यारामा भनीकन
देखायो विधिले यद्वा बिजुलीको निर्दशन ?

१३

मिलिक्क मिल्कँदा मेघ प्रकाश जुन आउँछ
विश्वको जीवन-ज्योति उसले जग्मगाउँछ।

१४

जो त्यो मिलिमिली-रूप मेघको मन्द हास छ
उसमा तीव्र गर्मीका बलको उपहास छ।

१५

हास्य-गर्भित गम्भीर सुन्दा त्यो मेघ-गर्जन
सारा संसार सम्झन्छ भावि सौभाग्य-सूचन।

१६

मेघमाला मिले एकै-छत्त भै गगनै भरी
उर्लंदै सिन्धुमा चारै-तर्फबाट नदी सरी।

१७

नाट्य-शाला छ आकाश नाचने बिजुली नटी
ताल दिन्छ तबल्ची भै मेघ धाकिटि-धाकिटि।

---

१२ **विधि** : विधाता। **यद्वा** : अथवा। **निर्दशन** : उदाहरण।

१४ **मिलीमिलीरूप** : मिलिक्क मिलिक्क चम्किने रूप भएको। **मन्द
हास** : हलुका मुस्कान।

१५ **हास्य-गर्भित** : हाँसो लुकेको। **भावि** : हुनेवाला। **सौभाग्य-
सूचन** : सौभाग्यको सूचना।

१६ **मेघमाला** : बादलका पङ्क्ति। **सिन्धु** : समुद्र।

१७ **नाट्य-शाला** : नाचघर। **नटी** : नर्तकी। **तबल्ची** : तबलावादक।
धाकिटि-धाकिटि : तबला बजाउँदा पैदा हुने विशेष आवाज।

१८

घरी घरी त्यो देखिन्छे मेघमा बिजुली परी
कृष्णका काखमा मानू लेटेकी राधिका सरी।

१९

राम्रा नयाँ नयाँ रङ्ग निकालेर थरी थरी
मेघ चक्कर खाँदैछ कविको प्रतिभा सरी।

२०

जती हेर्‍यो उती राम्रो रङ्ग आकाशमा चढच्यो
मेघको बिजुली-रूप झण्डा विजयको गडच्यो।

२१

घनक्क पारी घन्काई गम्भीर जय-डिण्डिम
गर्न लाग्यो महामेघ जलको वृष्टि झम्झम।

२२

पहिला जलका बिन्दु जोरले जुन आउँछन्
रूपमा पुतली-तुल्य धूपमा ती बिलाउँछन्।

२३

पहिले पृथिवी-माथी वर्षंदा जल दर्दरी
सुगन्धि बाफ निस्कन्छ आनन्दोच्छ्वास भैं गरी।

---

२१ **जय-डिण्डिम** : विजयको बाजा । **महामेघ** : ठूलो
आकारको बादल ।

२२ **धूपमा** : घाममा ।

२३ **आनन्दोच्छ्वास** : आनन्दित हुँदा मुखबाट आउने एक
प्रकारको श्वास ।

२४

साना सीकरले सारा अङ्ग सर्र रसाउँछ
स्वर्गीय सुख-वर्षाको मनमा हर्ष आउँछ।

२५

रसले रसिली पारी तातेकी पृथिवीकन
नगीचैमा बसी मेघ लाग्यो भारी मजा लिन।

२६

वर्षन्छ जलको धारा मेघबाट जती जती
विरही जनको छाती शुकदोछ उती उती।

२७

वर्षदा जलका धारा मानू मानव-जातिका
स्वर्ग-सम्म पुऱ्यायेका तार भैं छन् जुदा जुदा।

२८

सारा सागरको खार चालने चलनी सरी
घुमदै स्वादिलो पानी मेघ छर्दछ छर्छरी।

२९

समानै जल सर्वत्र विवेकी मेघले दियो
सम-दर्शी महात्माको पक्षपात कहाँ थियो ?

---

२४ **सीकर** : जलकण ।
२७ **जुदा जुदा** : अलग अलग ।
२८ **खार** : नुनिलोपन ।
२९ **सम-दर्शी** : सबैलाई समान रूपमा हेर्ने व्यक्ति ।

३०

हवाको रूपमा चल्छ जहाँ दुर्भाग्यको बल
वर्षदैन उहीं मात्र मेघको जल शीतल।

३१

कालो भये पनी केही मेघको बाहिरी घुति
झल्कन्छ चित्त-रेखामा भित्र उज्ज्वलता अति।

३२

विश्वको दुःख देखेर दयाधारी पयोधर
नपग्लेको भये-देखी के रहन्थ्यो चराचर ?

३३

न स्थान मान चाहन्छ जाति पाँति न गन्दछ
जल वर्षउँदा मेघ मानू ब्रह्मज्ञ बन्दछ।

३४

पवित्र परमात्माको भक्तिमा सत्य भक्त भैं
शीतला जलधारामा भिजेको छ प्रजा सधैं।

३५

घरी दरदराऽऽकार घरी सुस्तै सिमी-सिमी
जल-वर्षा लगातार गर्छ मेघ घुमी घुमी।

---

३१ **घुति** : प्रकाश ।

३२ **दयाधारी** : दयालु । **पयोधर** : बादल । **चराऽचर** : चल
अचल संसार ।

३३ **ब्रह्मज्ञ** : ब्रह्म अथवा परमात्मालाई जान्ने व्यक्ति ।

३५ **दरदराऽऽकार** : दरदर दर्किंदो । **सिमी-सिमी** : सिमसिमे
रूपको ।

३६

चिरिन्छन् जल-धाराले नलिनी-पत्र चर्चरी
दुर्वाच्य-वाण-वर्षले साधुको हृदयै सरी।

३७

दिन रात दुवै कालो पारी धुंधुमियो झरी
मुख पेट दुवै मैला भयेको दुर्जनै सरी।

३८

झरीले छोपि-राखेका वर्षाका दिन छन् सब
अविद्याले अँठ्यायेका जीव-तुल्य गत-प्रभ।

३९

अँध्यारो दिन देखेर चखेवी बिचरी चरी
रुन्छे व्याकुलता-साथ रात्रिको भ्रान्तिमा परी।

४०

जल-वर्षा गरी मेघ तृप्त छैन कुनै दिन
दाता देह छँदासम्म के गर्ला मुष्टि-बन्धन ?

४१

यता उती कतै कत्ती डिग्दैन घन-मण्डल
लब्ध-भूमि महात्माको चित्त झैं अति-निश्चल।

---

३६ **नलिनी-पत्र** : कमलका पातहरू । **दुर्वाच्य-वाण-वर्षा** :
दुर्वचनरूपी वाणको वर्षा ।

३८ **अविद्या** : अज्ञानता । **जीवतुल्य** : प्राणीसमान । **गत-प्रभ** : कान्तिहीन ।

४० **दाता** : दान दिनेवाला । **देह** : शरीर । **मुष्टि - बन्धन** : मुठी
बाँध्ने काम/ कन्जुसी ।

४१ **घन-मण्डल** : बादलको पुञ्ज । **लब्ध-भूमि** : ध्यानमग्न
अवस्थामा रहेको ।

४२

कहाँ सूर्य, कहाँ तारा, कहाँ नक्षत्र-नायक
देखिन्छन् कालले गर्दा जुन्किरी नै भकाभक ।

४३

दिने मेघ सर्‍यो माथी, लिने खोला बगे तल
दिने लिनेको प्रत्यक्ष देखियो भेद उज्ज्वल ।

४४

वर्षाउँदा अहो ! यौटा मेघले जल-सम्पति
कुवा, खोला, नदी-नाला सबैमा छ समुन्नति ।

४५

लोक भन्छ पुग्यो पानी किन्तु मेघ खन्याउँछ
यस्तै व्यक्ति महादानी लोकमा कहलाउँछ ।

४६

पियारी बिजुलीलाई लोकले खींचदामहाँ
रिसायेको सरी मेघ गर्जदै छ जहाँ तहाँ ।

४७

जथाभावी छरी पानी जुवाको हरुवा सरी
धुम्मिन्छ छेउ लागेर कालो मेघ घरी घरी ।

४८

जाति-पानी कतै छैन बाढीले सब मैलियो
भलले कलिले तुल्य एकैछत्त गरी-दियो ।

---

४२ **नक्षत्र-नायक** : चन्द्रमा ।

४८ **कलिले** : कलियुगको समयले । **भलले कलिले तुल्य...**
(कलियुगले राम्रा नराम्रा कुराको विवेक नगरेर सबैलाई
एक समान तुल्याए भँ) **एकैछत्त** : बराबरी ।

४९

मेघ दिन्छ सफा पानी माटाले धमिल्याउँछ
गुणलाई पनी मूर्ख दोष-पूर्ण तुल्याउँछ।

५०

धमीला पानिका साथ माछा पनि बडे बडे
कलिको सङ्ग पायेका दुराचार सरी बढे।

५१

काला पहाडमा सेता पानीका छहरा छुटे
कृष्णका छातिका मुक्ता – हारको उपमा लुटे।

५२

दायाँ बायाँ दुवै-तर्फ हान्दै खोला दगुर्दछन्
संसारमा छुचा यस्तै काममा अघि सर्दछन्।

५३

जरा खनेर खोलाले खसाले तीरका रुख
छोटाको आड लागेर मिलदैन कसै सुख।

५४

सारा कीट-पतङ्गाऽऽदि आत्तिये भेलमा परी
दारिद्र्यले डुबायेका भारतीय प्रजा-सरी।

---

५० **कलिको सङ्ग पाएका** : कलियुगको साथ पाएका ।

५१ **मुक्ता-हार** : मोतीको माला ।

५४ **कीट** : कीरा । **पतङ्गाऽऽदि** : पुतली आदि उडने
कीराहरू । **दारिद्र्य** : दरिद्रता ।

५५

घुमाई लहरी-हात दौडन्छन् नाचदै नदी
दानी पयोदको दिव्य झल्काई कीर्ति-कौमुदी।

५६

लडाउँदै मुढा ढुङ्गा खहरे गड्गडाउँछ
छोटो मानिस मौकामा ज्यादा जोस बढाउँछ।

५७

कलिले श्रौत-यागादि कर्म भैं बटुवाकन
भरीले बाटबाटैमा रोकेको छ प्रतिक्षण।

५८

पार जाने डुँगा साँघू उडायो भलले सब
छोटो बढे-पछी विघ्न नगरी छोडला कव।

५९

हिले आहाल देखिन्छन् धमीला भलले भरी
ज्यादा दुर्वासना-जाल जमेको हृदयै सरी।

६०

फुलायेर गला धोत्रो काढी सङ्गीतको धुवाँ
हिले आहालमा पाहा गर्न थाले 'टुवाँ टुवाँ'।

---

५५ **लहरी-हात** : पानीका लहररूपी हातहरू । **पयोद** :
बादल। **दिव्य** : अलौकिक। **कीर्ति-कौमुदी** : चाँदनीजस्तै
उज्यालो यश ।

५७ **कलिले** : कलियुगले । **श्रौत-यागादि** : वेदविहित यज्ञ
आदि सत्कर्म । **प्रतिक्षण** : प्रत्येक क्षण ।

५९ **दुर्वासना-जाल** : खराब चाहनाहरूको जालो ।

६० **पाहा** : ठूला भ्यागुताहरू ।

६१

छिन्न भिन्न गर्‍यो मैला भलले मार्ग बेसरी
पाखण्डी मतले हाम्रो राम्रो वेद-पथै सरी ।

६२

नौनी-समान वर्षाले गालेको भूमि-भाग यो
करुणाले पगालेको सज्जनै-तुल्य देखियो ।

६३

कुल्चदामा पनी गज्ज पर्ने मूर्ख-समानको
हिलो संसारमा निस्क्यो मूर्ति भैं अपमानको ।

६४

लाकोपकारमा जत्ती खर्चन्छ जल-सम्पति
उत्ती उज्यालो देखिन्छ मेघको वदन-द्युति ।

६५

बाँद बाँधी-दिँदा सोभै चढच्यो पानी कुला-भरी
चित्त रोकी सुषुम्णामा लगेको प्राण भैं गरी ।

६६

बेसरी गाँजियो रोपो कुलाको जलले गरी
पुर्खाको धर्म-धाराले पह्लायेको कुलै सरी ।

---

६१ **पाखण्डी मत** : देखावटी आडम्बरले भरिएको विचार ।
 वेद पथ : वेदविहित उत्तम जीवन मार्ग ।

६४ **वदन-द्युति** : मुखको कान्ति ।

६५ **सुषुम्णा** : योगशास्त्रअनुसार इडा र पिङ्गला नामक
 नाडीका बीचमा रहने केन्द्रीय नाडी । (योगीहरू
 *अरूतिरबाट रोकेर सुषुम्णा नाडीमा प्राण लगी योगसाधना
 सम्पन्न गर्दछन् भन्ने प्रसिद्धि यहाँ स्मरणीय छ)*

६७

खस्क्यो पर्वतको शोभा अनेक पहिरा परी
दुःखका चोटले गर्दा धीरको धीरता सरी।

६८

अघीका खुखुरे नाङ्गा तुच्छ डाँडाहरू पनी
तृण-सम्पत्ति पायेर बने सौन्दर्यका धनी।

६९

ग्रीष्म-तप्त वसन्तश्री नुहाई पोखरीमहाँ
हाँस्तै जुलुङ्ग निस्किन् की पद्मका रूपमा अहा !

७०

कोइलीको मिठो बोली बिलायो कालले गरी
भ्यागुताको रुखो शब्द बढेको छ घरी घरी।

७१

अगाध सिन्धुमा चुप्पै चल्छन् तिमि तिमिङ्गिल
भ्यागुतो खूप गर्जन्छ पाउँदा धमिलो भल।

७२

भ्यागुताको जहाँ वास उहीँ कमल फुल्दछ
तर त्यो चाल पाउन्न हिलैमा मात्र भुल्दछ।

---

६८ **तृण-सम्पत्ति** : घासरूपी सम्पत्ति / घासजस्तो तुच्छ
सम्पत्ति ।

६९ **ग्रीष्म-तप्त** : गर्मीले तातेकी । **वसन्तश्री** : वसन्तको
शोभारूपी देवी । **पद्म** : कमल ।

७१ **अगाध** : ज्यादै गहिरो । **सिन्धु** : समुद्र । **तिमि** : एक
प्रकारको माछो । **तिमिङ्गिल** : तिमिलाई निल्ने ठूलो
माछो ।

७३

कहाँ तुच्छ हिलो तेस्तो कहाँ कमलको रस
दुर्भाग्यले हिलैमा छ बिचरो भ्यागुतो खुश।

७४

संसार यो हिलो सारा पद्म ईश्वर-भक्ति हो
जीव छन् भ्यागुता-तुल्य पद्मको रस मुक्ति हो।

७५

अँध्यारा रातमा सुन्दा वर्षाको भम्भमावट
परमाऽऽनन्दका ढोका स्वयं खुल्छन् खटाखट।

७६

मानू स्वर्गीय सङ्गीत – कलाको दिव्य माधुरी
वर्षन्छ जल-धाराको साथैमा त्यो थरी-थरी।

७७

आकाश-गृहमा काली बुढिया मेघमालिका
घुम्दछे रातमा बाली बिजुली-मय दीपिका।

७८

खेतमा जलका धारा वर्षंदा-खेरि बाहिर
उर्लन्छ खेतिवालाका मनमा सुख-सागर।

---

७४ **पद्म** : कमलको फूल।

७६ **दिव्य माधुरी** : अलौकिक मिठास।

७७ **आकाश-गृहमा** : आकाशरूपी घरमा। **मेघमालिका** :
बादलको पङ्क्ति। **बिजुलीमय** : बिजुलीको चम्काइरूपी।
दीपिका : दियो।

७९

विरही-जनको श्रेणी आँशुले परिपूरित
पला पलामा दाँजिन्छ वर्षाको रजनी-सित।

८०

पखालियो, बग्यो, गैगो भलमा पुष्पको रस
भयो भ्रमरका निम्ती यो वर्षाकाल नीरस।

८१

विधिले फुलको सार कदंका फूलमा भरी
गोलाऽऽकार बनायो कि सबै बग्ला भनी डरी ?

८२

गुणका भारले नम्र गुणी-तुल्य अली तल
झुके दारीमका हाँगा लागनाले ठुला फल।

८३

वनमा विरही बोली बोल्दछन् न्याहुली चरी
चिरिन्छ परदेशीको दुःखी हृदय चर्चरी।

८४

मेघको शब्द सुन्नाले प्रेमले दङ्ग भैकन
थाले मयूरका भाले नाची नाची कराउन।

---

७९ **विरही-जनको श्रेणी** : आफ्ना प्रिय व्यक्तिहरूबाट
विरहित भएकाहरू । **रजनी** : रात ।

८० **भ्रमर** : भुमरो ।

८१ **कदम** : गोलो आकारको एक प्रकारको सेतो फूल ।

८३ **वनमा...** : (न्याहुली / न्याउली चरी विरहमा रोएजस्तो
करुण स्वर निकालेर बोल्ने हुँदा विरही जन अभ दुःखी
हुन्छन् भन्ने अभिप्राय हो)

८४ **मेघको ...** : (मेघ गर्जेको सुनेर मयूर प्रसन्न भएर नाच्न
थाल्दछ भन्ने कवि-प्रसिद्धि रहेको छ)

८५

विरही-जनको छाती बञ्चराले सरी चिरी
बोल्दछन् मत्त भै तित्रा 'तित्तिरी तितिरी' गरी ।

८६

मानी त्यो हंसको श्रेणी पुग्यो मानसरोवर
अपमान जहाँ हुन्छ वहाँ को वास गर्छ र ?

८७

तामे ढुकूरका भाले करायेर घुमी घुमी
नाचेका देखदा-खेरी मन हुन्छ रिमी-भिमी ।

८८

नाचे पुछर हल्लाई बोलि फेरी चिभे चरी
वियोगिनी निभायेका कालका दूतिका सरी ।

८९

झर्नलि शिरको सारा भुवा सारौं कठैबरी
मुडुला भै घुमेका छन् मानू क्षपणकै सरी ।

---

८५ **विरही-जन...:** (तित्राको आवाजले विरही जनको पीडा अझ
बढ्दछ भन्ने कवि प्रसिद्धि रहेको छ)

८६ **मानी :** आफ्नो सम्मान चाहने । **मानसरोवर :** कैलाश पर्वतको
फेदीमा रहेको प्रसिद्ध तलाउ । **अपमान....:** (वर्षाकालमा
जमीनको धमिलिएको पानीमा बस्नु राजहाँसको अपमान हो)

८७ **तामे ढुकुर :** तामा रंगको असल जातको ढुकुर ।

८८ **चिभे-चरी :** लामो पुच्छर हुने कालो रंगको विशेष चरी ।
वियोगिनी....: (चिभे चरीको करुण स्वर सुनेर कतिपय विरहिणी
विरहको पीडाले मर्छन् भन्ने कवि प्रसिद्धि यहाँ स्मरणीय छ)

८९ **सारौं :** रुपीनामक चरो । **क्षपणक :** सन्न्यासी ।

९०

इन्द्रेनीको प्रभा राम्रो झल्कँदो छ थरी-थरी
अप्सराले खसालेका रत्नका हारको सरी ।

९१

गर्मी-रूप बडो तेजी अल्झेको मेघ-पाशले
मृग हानी उभ्याये कि कुनामा धनु इन्द्रले ?

९२

अँध्यारो मुख लायेर मेघ लग्यो जती जती
उज्यालो खेतिवालाको चित्त हुन्छ उती उती ।

९३

लाम्खुट्टे रोकनालाई मेघ-रूपी ठुलो झुल
हाले कि दिननाथैले छोपी टम्म नभस्तल ?

९४

घूम-घाम अघी हुन्थ्यो बीचमा खालि घाम भो
अहिले घूमको काम, घूम-घाम तमाम भो ।

____

९१ **गर्मीरूप....:** (गर्मीरूपी मृगलाई मेघरूपी पाशोमा
अल्झाएर वाण हानी इन्द्रले इन्द्रेणीरूपी धनुष आकाशका
एक कुनामा उड्याएका हुन् कि ? भन्ने उत्प्रेक्षा गरिएको
देखिन्छ)

९३ **दिननाथ :** सूर्य । **नभस्तल :** आकाश ।

९४ **अघी :** वसन्त ऋतुमा । **बीचमा :** ग्रीष्म ऋतुमा ।
अहिले : वर्षा ऋतुमा । **घूम :** चोयाले बुनेको / पातहरू
छापी बनाइएको पानी पर्दा ओढ्ने साधन । **तमाम भो :**
खतम भयो ।

९५

साध्य छैन यहाँ-सम्म हरियाली बढ्यो भनी
पन्नाको कान्ति झल्कन्छ इँट पत्थरमा पनी ।

९६

बिझाउने बडा ठाडा देखदा वाँशका मुना
गाम पिर्ने पिराहाको मनमा हुन्छ सम्झना ।

९७

हेरी नशकनू पारी परखाल बडे बडे
नेपाली कविले खुट्टा काटेका वर्ण भैं लडे ।

९८

घपक्क मेघको घुम्टो हाली कुल-वधू-सरी
दिगङ्गना बसेका छन् लुकाई मुख-माधुरि ।

९९

लोकोपकारमा सुम्प्यो मेघले सब जीवन
सबै यस्तै भयेदेखि दुःख हुन्थ्यो हरे ! किन ?

---

९५ **पन्ना** : हरियो रंगको रत्न ।

९७ **हेरी नसकनू पारी......:** (पहिलेका कविहरू शब्दहरूमा
जथाभावी खुट्टा काट्ने गर्दथे । जस्तै - एक् दिन नारद
सत्यलोक् पुगिगया लोक्को गरुँ हित् भनी ...इत्यादि ।
यस्तो प्रवृत्तिमाथि व्यङ्ग्य गरिएको देखिन्छ)

९८ **कुल-वधू** : कुलीन घरकी बुहारी । **दिगङ्गना** : पूर्व
पश्चिम आदि दिशारूपी सुन्दरीहरू । **मुख-माधुरी** :
उज्यालो मुखको सुन्दरता ।

१००

वर्षाको शुरुमा हर्ष अन्त्यमा पनि हर्ष छ
विशेष अरुमा भन्दा वर्षामा यो प्रकर्ष छ।

१०१

हुन त मधुर मेरो छैन वर्षा-विचार
	नजर गरनु-होला तैपनी एक-वार
भनिकन कर जोडी हार्दिक स्नेह-साथ
	गरदछ कविलाई प्रार्थना 'लेखनाथ'।

इति वर्षा-विचार

---

१०० **प्रकर्ष** : उत्कृष्टता।
१०१ **कर जोडी** : हात जोडेर।

अथ
शरद्-विचार

१

गयो बहाड वर्षाको खडा भो रसिलो शरद्
अर्कै स्वरूपमा निस्क्यो कविको कल्पना-जगत्।

२

निस्के घन-घटा फोरी देखाई भरिलो छवि
अविद्या-जाल तोडेको इलमी राष्ट्र भैं रवि।

३

धेरै कालपछी मिल्दा मित्र-दर्शनको सुख
डुब्यो आनन्दमा लोक लगाई हँसिलो मुख।

४

लोकोपकारमा खर्ची अनन्त जल-सम्पति
मनस्वी धीर भैं मेघ बन्यो शान्त मुनि-व्रती।

५

कहाँ कालो कडा कान्ति कहाँ गर्जन-तर्जन
मेघले जलका साथै त्यागेछ सब दुर्गुण।

---

१ **बहाड** : खुशियाली ।
२ **घन-घटा** : कालो बादलको पुञ्ज । **अविद्या-जाल** : अज्ञानको जालो । **रवि** : सूर्य ।
३ **मित्र-दर्शन** : मित्रको दर्शन/सूर्यको दर्शन । **लोक** : संसार ।
४ **लोकोपकार** : सारा संसारको उपकार । **मनस्वी** : उदार स्वभाव भएको । **धीर** : धैर्यशाली । **मुनि-व्रती** : मौन व्रत धारण गर्नेवाला/चूपचाप ।

६

परोपकार-व्रतले गलेका मेघ पावन
प्रतिपच्चन्द्र-रेखा भैं देखिन्छन् मन-मोहन।

७

आफ्ना जल-धाराले बढेको विश्वको खुशी
हेर्न लाग्यो कि वा मेघ खिस्स हाँसी परै बसी ?

८

रूप-रङ्गादिले शून्य सत्त्व-शेष कुनै घन
जीवन्मुक्त सरी थाले हावा-माफिक खेलन।

९

सेता बादलका टुक्रा कुना-कानी अली अली
चल्छन् विस्तार विस्तारै कलिमा साधु भैं गली।

१०

बडो उज्यालो आनन्दी भगवान् शङ्करै सरी
हिमालमा पस्यो मेघ विश्व-बाधा सबै हरी।

---

६ **परोपकार-व्रत** : अर्काको उपकार गर्ने नियम । **पावन** :
पवित्र । **प्रतिपच्चन्द्र-रेखा** : प्रतिपदाको खुर्पे चन्द्रमाको
खिरिलो रेखा । **मन-मोहन** : मनमोहक/हेरुँ हेरुँ लाग्ने ।

८ **सत्त्व-शेष** : स्वरूपमात्र बाँकी रहेको /पानी निखिएको ।
घन : बादल । **जीवन्मुक्त** : संसारको मायामोह आदि
प्रपञ्चबाट मुक्त रहने योगी । **हावा-माफिक** : हावाको
गतिअनुसार ।

९ **कलिमा** : कलि युगमा । **साधु भैं** : सज्जन व्यक्ति भैं ।

१० **विश्व-बाधा** : संसारभरिको दुःख ।

११

मेघ भैं विश्व-सेवामा लगाई शुद्ध जीवन
अन्त्यमा शान्ति जो लिन्छन् उनै हुन् मुक्ति-भाजन ।

१२

हरायी मेघका साथै उज्याली बिजुली पनी
भर्ता गयेपछी कान्ता रहन्थी अन्त के भनी ?

१३

जगद्-व्यापी उही मेघ टुक्रा टुक्रा भईकन
हिन्दु-साम्राज्य भैं आज गिऱ्यो, पायिन्न देखन ।

१४

मेघले अघि वर्षामा गरेका पुण्य-वृष्टिको
फलरूप नयाँ रङ्ग निस्क्यो कि सब सृष्टिको ?

१५

दिव्य सौभाग्य-धारामा नुहाई भइ निर्मल
निस्केको तुल्य देखिन्छ उज्यालो विश्व-मण्डल ।

१६

उनै दिन उज्याला छन् उज्याला छन् उनै निशा
उनै प्राणी उज्याला छन् उज्याला छन् उनै दिशा ।

---

११ **विश्व-सेवामा** : सारा जगत्लाई रसिलो भरिलो बनाउने सेवा
कार्यमा । **मुक्ति-भाजन** : मुक्तिका पात्र ।
१२ **भर्ता** : पति । **कान्ता** : पत्नी । **अन्त** : अन्यत्र ।
१३ **जगद्-व्यापी** : संसारभर व्याप्त भएको ।
१४ **पुण्य-वृष्टि** : सत्कर्मको वर्षा ।
१५ **सौभाग्य-धारा** : सौभाग्यको प्रवाह । **विश्व-मण्डल** : समग्र संसार ।
१६ **निशा** : रात ।

१७

दुःख दुर्दोषका साथै वर्षाले सब विश्वको
मैलो-पन पखाल्यो कि प्रत्येक परमाणुको ?

१८

वर्षा जाँगरिली दासी धोई पोती लिपी चली
शरद् मालिकिनी जस्ती गर्न थाली ढली-मली ।

१९

शुकी-शक्यो हिलो सारा धुलो छैन रती-भर
रस्ता देखिन्छ सम्पूर्ण लिपेको भैं मनोहर ।

२०

नर-नारी, लता-वृक्ष, पशु-पक्षी तमामको
ढाँचाले स्पष्ट देखायो आनन्दी राज्य रामको ।

२१

न सर्दी छ, न गर्मी छ, न वर्षा छ, न घाम छ
अपूर्व यो शरत्काल सबैको सुख-धाम छ ।

२२

निर्दोषी नयनाऽऽनन्दी शरत्का रसिला दिन
सधैं बस्ने भयेदेखि चाहिन्थे कविता किन ?

---

१७ **दुर्दोष** : विभिन्न खराबी र दोष ।
१८ **चली** : गई ।
१९ **रस्ता** : बाटो ।
२१ **अपूर्व** : पहिले कहिल्यै नदेखिएको । **सुख-धाम** :
सुखमय तीर्थस्थल ।
२२ **निर्दोषी** : दोषरहित । **नयनानन्दी** : आँखालाई आनन्द
दिने/हेरुँ हेरुँ लाग्ने ।

२३

न तुवाँलो, न ता हुस्सू न धुलो, न पयोधर
स्वच्छ देखिन्छ आकाश इन्द्र-नील-बराबर ।

२४

कुइरो घामले भाग्यो, तुवाँलो वायुले छुट्यो
धुलो वर्षादले माऱ्यो, मेघ आफैं पछी हट्यो ।

२५

सारा उपाधिले शून्य शून्य आकाश यो घरी
झल्कन्छ कल्पना-शून्य योगीको हृदयै-सरी ।

२६

रातमा झल्कने ज्यादा ठुला साना हिरा-सरी
तारा भिली भिली गर्छन् त्यो नील गगनै-भरी ।

२७

माथी छन् सक्कली तारा, नक्कली तल जुन्किरी
तल माथी दुवै-तर्फ झन्नै तुल्य छ माधुरी ।

२८

देवताका हिरा हुन् वा हुन् वा स्वर्गीय जुन्किरी
स्वर्धुनीका छिटा हुन् वा झल्कने ती थरी-थरी ?

---

२३ **पयोधर** : बादल । **इन्द्र-नील** : नीलो रंगको मणि ।
२५ **उपाधि** : बादल आदि धब्बा ।
२७ **माधुरी** : माधुर्य/सौन्दर्य ।
२८ **स्वर्धुनी** : आकाशगङ्गा/निहारिका ।

२९

झल्कन्छ राती आकाश ती ताराहरुले गरी
योगीका सुख-शय्याको कार्चोपी चाँदनी सरी।

३०

रातमा रात राम्रा छन् राम्रा छन् दिनमा दिन
सच्चा अमृतका टुक्रा कम-बेसी थिये कुन ?

३१

शान्त भै ठाममा आये ठूला नद नदी सब
सबैको अस्थिरै हुन्छ उर्लंदो वेग - वैभव।

३२

जसरी भल आयेथ्यो गयो झट्ट उसै गरी
जवानीको कडा माद दौडन्छ बिजुली सरी।

३३

वर्षाका जोरले मात्र उर्लेका खहरे जती
छोडी आडम्बरी फूर्ति बन्न थाले बक-व्रती।

३४

नदीका जलले छोडच्यो सारा बगर सुस्तरी
ज्ञानीका मनले तुच्छ भोगको वासना-सरी।

---

२९ **कार्चोपी** : बुट्टेदार ।
३१ **वेग-वैभव** : वेगरूपी सम्पदा/छिटै कुद्न सक्ने सामर्थ्य ।
३२ **माद** : उन्माद ।
३३ **बक-व्रती** : बकुल्लो झैँ चूपचाप र शान्त ।
३४ **भोगको वासना** : भौतिक भोग विलासका विषयवस्तुप्रतिको
तिर्सना ।

३५

चुल्ठो-समान लर्केको नदीको मझ-धार छ
आनन्दी हंसको ताँती मानू सुन्दर हार छ।

३६

आँखा-समान झल्कन्छ माछाको परिवर्तन
गहिरो भुमरी-रूप नाभि देखिन्छ शोभन।

३७

हलुका लहरी हात गाना कलकल-ध्वनि
नचरी लाउँदै चल्छन् नदी सागर-गामिनी।

३८

शरत्‌का सङ्‌ले सङ्‌ले धमिला पोखरी सब
सत्सङ्‌को सफा रङ्‌ सबैमा पर्छ वास्तव।

३९

वृक्ष, पर्वत, आकाश गर्व सौन्दर्यको गरी
पानीमा हेर्न लागे कि आफनू मुख-माधुरी ?

४०

शनैः शनैः फिका पारी अघीको तेजिलो-पन
विप्र भैं दक्षिणाऽऽशामा लागे श्रीसूर्य लत्रन।

---

३६ **माछाको परिवर्तन** : माछाको उल्टीपाल्टी गर्ने खेल ।
शोभन : सुन्दर ।
३७ **नचरी** : नृत्यको भङ्गिमा । **चल्छन्** : बग्छन् ।
सागर-गामिनी : समुद्रलाई भेट्न जाने ।
३९ **मुख-माधुरी** : मुहारको शोभा ।
४० **शनैः शनैः** विस्तारै विस्तारै । **अघीको** : ग्रीष्म
ऋतुको/प्राचीन कालको। **विप्र** : ब्राह्मण । **दक्षिणाऽऽशा** :
दक्षिणाको आशा/दक्षिण दिशा ।

४१

कन्या-लङ्घन भो भन्ने सङ्कोचैले अलीकती
भुकेका हुन् कि लाचारी-साथ ती पद्मिनी-पति ?

४२

दिननाथै उँधो लत्रे दिनको के कुरा छ र ?
जहाँ-सुकै पनी हुन्छ स्वामी-माफिक नोकर ।

४३

तेस्ता प्रचण्ड तेजस्वी सूर्यको त्यो अधोगति
देखी हृदयले भन्छ अभिमान न ले रति ।

४४

वर्षामा मेघले ज्यादा दबायेका दिवाकर
अत्यासले गलेछन् कि चलेछन् कि उँधोतिर ?

४५

धैर्यको शान्तिको दिव्य नमुना-तुल्य निश्चल
अघीभन्दा पनी ज्यादा उज्यालो छ हिमाऽचल ।

---

४१ **कन्या-लङ्घन** : कन्यालाई नाघ्ने काम (शरद् ऋतुमा पर्ने
कार्तिक महिनामा सूर्य कन्या राशिलाई भोग गरिसकेर
तुला राशिमा जाने भएकाले कन्यालाई नाघेको उत्प्रेक्षा
गरिएको) **पद्मिनीपति** : कमलिनीका स्वामी/कमलिनीलाई
फुलाउने सूर्य ।
४२ **दिननाथै** : दिनका स्वामी सूर्य नै । **उँधो लत्रे** : ओरालो
लागे/दक्षिणायनतिर लागे ।
४४ **दिवाकर** : सूर्य ।
४५ **हिमाऽचल** : हिमपर्वत ।

४६

हिमका चुचुरा सारा साह्रै स्वच्छ मनोरम
देखिन्छन् आत्म-विद्याका सिद्धान्त-सरि दुर्गम ।

४७

बिहानै शिरमा पर्दा सूर्यको किरणाऽऽवली
मूर्तिधारी तपस्या भैं झल्कन्छन् हिमका चुली ।

४८

हिमालका पखेरामा तलै लत्र्यो पयोधर
शिवका कटिको लम्बा बगम्बर-बराबर ।

४९

निस्कंदा पद्मिनी-नाथ छिचोली पद्मको वन
मुसुक्क पद्मिनी हाँसे खुशीले दङ्ग भैकन ।

५०

देखिन्छ अधिको भन्दा राम्रो कमल-संहति
चर्को विनाश-वेलाको बत्ती भैं विमल-द्युति ।

---

४६ **आत्म-विद्याका सिद्धान्तसरि** : अध्यात्म विद्याका
दार्शनिक ग्रन्थमा रहेका ईश्वरसम्बन्धी मान्यता भैं ।

४७ **किरणाऽऽवली** : किरणका रेखाहरू । **मूर्तिधारी तपस्या** :
शरीर धारण गरेको स्वयम् तपस्या ।

४८ **पयोधर** : बादल । **कटि** : कम्मर । **बगम्बर** : बाघको
छाला ।

४९ **पद्मिनीनाथ** : कमलिनीका पति सूर्य । **पद्मको वन** :
कमलवन । **पद्मिनी** : कमलिनी ।

५० **कमल-संहति** : कमल फूलको समूह । **विमल-द्युति** :
उज्यालो कान्ति भएको ।

५१

थुँगा कमलका राम्रा देखिन्छन् पोखरी भरी
आकण्ठ जलमा मग्न अप्सराका मुखै-सरी।

५२

पद्यका पुष्पले पद्य-पोखरी ढकमक्क छ
सुगन्धको मजा पाई हवा सारा गमक्क छ।

५३

लियो सुगन्ध हावाले मिल्कायो तल केशर
तत्त्व पाये-पछी फेरी खोष्टाको चाह के छ र ?

५४

सुनौला रङ्का ताजा चिल्ला केशरले गरी
सुवर्ण-मय देखिन्छन् सारा कमल-पोखरी।

५५

विधाताले खटायेका कमल-द्युति-जाँचमा
जाँचकी-तुल्य भै घुम्छन् भुमराहरु पुष्पमा।

५६

लक्ष्मीको वास त्यो खास फक्रेको पद्य-सन्तति
पाई दिव्य रसप्रेमी भुमरा मस्त छन् अति।

---

५१ **आकण्ठ** : घाँटीसम्म ।
५२ **पद्य** : कमल । **पद्य-पोखरी** : कमल पोखरी ।
५३ **केशर** : फूलका थुंगाका बीचमा हुने सुगन्धित धूलो ।
५४ **सुवर्ण-मय** : सुनले परिपूर्ण ।
५५ **कमल-द्युति-जाँच** : कमलका शोभाको प्रतियोगितात्मक परीक्षा ।
५६ **पद्य-सन्तति** : कमलको समूह ।

५७

विस्तारी गतिका साथै खोली दिव्य गला पनी
पद्मका वनमा गर्छन् कलहंस कल-ध्वनि ।

५८

काव्यमा कविको दिव्य कल्पना-शक्तिको सरी
जलमा अति राम्रो छ हंसको गति-चातुरी ।

५९

हावाले जलमा राम्रा लहरी जुन आउँछन्
भुलदै उनमा हंस डुङ्गीमा भैँ रमाउँछन् ।

६०

दुध पानी दुवै छान्ने ज्ञानी परम-हंस ती
निराला चालमा चल्छन् को जान्ने तिनको गति ?

६१

त्यो हंस-गतिले चल्छ जल निर्मल सुस्तरी
लयोन्मुख महात्माको चित्तको कलना-सरी ।

६२

हंस हंसी दुवै बाँडी मृणाल मुखमा धरी
देखाउँछन् बडो राम्रो दाम्पत्य-प्रेम-माधुरी ।

---

५७ **पद्म** : कमल । **कलहंस** : मधुर स्वर भएका हाँसहरू । **कल-
ध्वनि** : मीठो आवाज ।

५८ **गति-चातुरी** : हिँडाइको सुन्दर कला ।

६० **परम-हंस** : राजहाँस/मुक्त आत्मा । **निराला** : अनौठो/अद्भुत ।

६१ **हंस-गति** : हाँसको चाल । **लयोन्मुख** : विलीन हुनै लागेको ।
चित्तको कलना : मनका सङ्कल्प विकल्पहरू ।

६२ **मृणाल** : कमल-नालभित्रका स-साना तन्तुहरू । **दाम्पत्य -प्रेम-
माधुरी** : पति पत्नीका बीचको मधुर प्रेम व्यवहार ।

६३

धन, धर्म दुवै धान्ने धान्य-गौरवले उता
खेतमा भरियो भारी भरीलो रमणीयता।

६४

जीवनाऽऽनन्दको ज्योति प्रजाको स्वच्छ शीतल
बयेली धानमा खेल्छ गर्दै नयन-मङ्गल।

६५

एकैनास पसायेका अर्धचन्द्र - समानका
बाला लहबरी गर्दै भुल्दछन् खूब धानका।

६६

भुकेको छ सबै धान्य ठाडो छैन कुनै पनी
उपकारी गुणी व्यक्ति यस्तै हुन्छ जहाँ पनी।

६७

खेतको मोहिनी शोभा हेरदा-हेरदै महाँ
ब्रह्ममा ब्रह्म-वेत्ता भैं लीन हुन्छ मनै वहाँ।

---

६३ **धान्य-गौरव** : पाकेका धानको गरिमा। **भारी** : प्रशस्त।

६४ **जीवनाऽऽनन्दको ज्योति** : आनन्दमय जीवनको उज्यालो।
बयेली : धानका खेतमा हावा चल्नाले उत्पन्न मनोरम
लहर। **नयन-मङ्गल** : आँखालाई आनन्दित तुल्याउने
काम।

६५ **पसाएका** : फल लाग्न शुरु भएका। **अर्धचन्द्र-समानका** :
अर्धाकार चन्द्रमा जस्ता। **लहबरी गर्दै** : बयेली खेल्दै।

६६ **धान्य** : धानको बोट। **यस्तै** : विनम्र स्वभावको।

६७ **ब्रह्म** : परमेश्वर। **ब्रह्मवेत्ता** : परमेश्वरलाई साक्षात्कार
गरेको व्यक्ति।

६८

बदामी रङ्गको राम्रो देखदा खेतको छवि
केशरी बागमा पुग्छन् उपमा खोजदै कवि।

६९

कृषिको श्रम-साफल्य देखनाले प्रजा सब
परमाऽऽनन्द पायेको योगी भैं छ खुशी अब।

७०

हुटिट्चाउँ, हिले कौवा, जलेवा, बक, चाँचर
खेतीका कुहुवा-तुल्य खेतैमा गर्दछन् घर।

७१

साना रुगरुगायेर दौडने दिव्य खञ्जन
गति-सौन्दर्यले साहै गर्दछन् मन-रञ्जन।

७२

त्यो छिटो छरितो राम्रो तिनको फुर्फुरावट
हेर्दा भित्र छचल्किन्छ प्रेम-पीयूषको घट।

७३

जता हेर्यो उतै राम्रो आनन्दी रङ्ग लोकको
छैन संसारमा नाम - निशाना दुःख-शोकको।

---

६८ **केशरी बाग** : सुनौला फूल फुल्ने वकुल फूलको बगैंचा ।
६९ **श्रम-साफल्य** : परिश्रमको सफलता ।
७० **बक** : बकुल्लो ।
७१ **खञ्जन** : राम्रा आँखा हुने गाँथली जातको चरो । **गति-सौन्दर्य** : सुन्दर चाल ।
७२ **प्रेम-पीयूष** : प्रेमरूपी अमृत । **घट** : घैंटो ।

७४

खोली कमलको छाता हम्काई काश-चामर
ऋतु-राजै सरी गम्क्यो शरत्काल मनोहर।

७५

फुलमा मदको गन्ध भरियेको छतीवन
शरत्को वनमा बद्ध हात्ती-तुल्य छ शोभन।

७६

वनमा फल-पुष्पादि विशेष नभये पनी
भ्याँगियेको छ त्यो ज्यादा बनी गाम्भीर्यको धनी।

७७

वसन्तकै सरी सारा बगैंचाको बहार छ
हावा वसन्तको भन्दा ज्यादा महक-दार छ।

७८

फलेको हसना-रूप शरत्को मन्द हास छ
जसमा बहुतै चर्को वासनाको विकाश छ।

---

७४ **काश-चामर** : काँस नाम भएको कुश जातिको लहलहाउँदो घासरूपी चमर। **ऋतु-राजैसरि** : वसन्त ऋतु भैँ।

७५ **छतीवन** : छतिउन/प्रत्येक भेट्नामा सातवटा पात हुने एक प्रकारको दुधिलो रुख। **बद्ध** : बाँधिएको। **शोभन** : मनोरम। (मदमत्त हात्तीको गण्डस्थलबाट आउने एक प्रकारको तीखो गन्धजस्तै गन्ध छतिउनबाट पनि आउने भएकाले कविशिरोमणिले यहाँ छतिवनलाई हात्तीसँग दाँजेको देखिन्छ)

७७ **बहार** : शोभा/सौन्दर्य। **महकदार** : बास्नादार।

७८ **हसना** : तीखो वासना हुने एक प्रकारको फूल। **मन्द हास** : मन्द मुस्कान। **वासना** : बास्ना/भोग विलासको चाहना।

७९

हसनाको बड़ो हस्के देखी उत्ताउलो-पन
कुनामा केवरा लाग्यो जिभ्रो काढी लजाउन।

८०

झलमल्ल शयेपत्री अभिमानी-समान छ
ज्यादा लत्रन जान्दैन रूपको खूप शान छ।

८१

बन्दै-छ गमला-रूप – खोरमा गुण-केशरी
तैपनी फुलको सातो हर्छ त्यो गुणले गरी।

८२

रसिलो हर-शृङ्गार वर्षाई पुष्प बर्बरी
स्वर्गीय वासना भर्छ महात्मा भैं वरी-परी।

८३

हंसराज नयाँ रङ्ग झिकी अत्यन्त दङ्ग छ
मानू सूर्यमुखीलाई सूर्य बन्ने उमङ्ग छ।

८४

रङ्गमा रेशमै-तुल्य ढङ्ग लोकै बिझाउने
रित्तो मखमली चुत्थो धूर्तैं भन्न सुहाउने।

---

७९ **केवरा** : फूलविशेष।

८१ **बन्दै-छ** : बन्द नै छ /बनिरहेको छ।

८३ **हंसराज** : गुच्छादार फूलविशेष।

८४ **रित्तो** : रस र वासना नभएको।

८५

उता गोदावरी जम्मै फुलेर ढकमक्क छ
यता सरस नेवारी त्यो देखी अकमक्क छ।

८६

एतावता सबै-तर्फ शरत्को कान्ति-माधुरी
झल्कायेर फुलेका छन् फुल राम्रा थरी-थरी।

८७

टल्कने हलुवाबेत लट्याम्म रुखैभरी
अम्बा लदाबदी जम्बै पाकेका छन् थरी-थरी।

८८

कहाँ उस्तो हिलो मैलो, कहाँ यो मोहिनी छवि
कति राम्रो उदायेको विश्व-सौभाग्यको रवि।

८९

वर्षाको जलले पूर्ण मेघ-मण्डलमा पसी
चन्द्रले कालिमा दोष फालेछन् कि घसी घसी ?

९०

चन्द्रको चाँदनी-रूप झल्कँदा राति गौरव
कपूरले लिपे-जस्तो देखिन्छ जगतै सब।

---

८५ **नेवारी** : एक प्रकारको लहरे सुगन्धी फूल ।

८६ **एतावता** : यसप्रकार ।

८८ **मोहिनी छवि** : मनमोहक सौन्दर्य । **रवि** : सूर्य ।

८९ **मेघ-मण्डल** : बादलको पुञ्ज । **कालिमा दोष** :
चन्द्रमामा देखिने धब्बारूपी दोष ।

९१

आनन्दी देवता-तुल्य चन्द्रका रश्मिजालमा
पींगका रङ्गमा दङ्ग देखिन्छन् सब हालमा।

९२

जुनेली रातमा राम्रो सुन्दा चहचह-ध्वनि
फनक्क भुमरी मारी घुम्छ आनन्द फन्फनी।

९३

पुरानू विजय-स्तम्भ - रूप हाम्रो सुविस्तृत
यो दशैं-चाडमा मिल्छन् धेरै सिद्धान्त अङ्कित।

९४

जसरी पींग मच्चिन्छ हिन्दु-जाति उसै गरी
विश्वमा मच्चिदै घुम्थ्यो जयका जमरा धरी।

९५

यै शरद्मा दशैं हाम्रो यसैमा दीप-मालिका
यसैमा धान्य-सम्पत्ति धन्य यो सुख-तालिका।

९६

माथमा जमरा माथी जमाई गुण-केशरी
नर-नारी जमेका छन् विजयाऽऽनन्दमा परी।

---

९१ **रश्मिजाल** : किरणको पुञ्ज।

९३ **विजय-स्तम्भ-रूप** : विजयको खम्भारूपी/दैवी शक्तिले आसुरी
शक्तिमाथि विजय प्राप्त गरेको चिह्नरूप। **सुविस्तृत** : राम्ररी
फैलिएको। **मिल्छन्** : पाइन्छन्। **अङ्कित** : लेखिएका।

९४ **धरी** : धारण गरेर।

९५ **दीप-मालिका** : दीपावली/तिहारको चाड। **धान्य-सम्पत्ति** :
धानबालीको सम्पदा। **सुख-तालिका** : खुशीको सिलसिला।

९६ **विजयाऽऽनन्द** : विजयको आनन्द/विजया दशमीको आनन्द।

९७

मनुष्यको कुरा के छ पशु-पक्षी पनी सब
मनाउँछन् खुशी मानी मञ्जु मङ्गल उत्सव।

९८

आनन्दको ध्वजा-तुल्य ठड्याई दीर्घ पुच्छर
बाच्छा-बाच्छी सिंगारेका दौडन्छन् ती सबैतिर।

९९

यता-उती कतै केही नहेरी मस्त भै-कन
विजयी वीर भैं गर्वी थाले गोपति ढल्कन।

१००

योगीको मन भैं पानी, बाटो वेद-पथै सरी
शुद्ध देखिन्छ सम्पूर्ण शरत्का सङ्गले गरी।

१०१

हुन त अति उज्यालो हो शरत्काल खास
    तर अलि कवितामा कम्ति नै भो प्रकाश
रसिक! गरनुहोला तैपनी दृष्टि-पात
    श्रम सब बुझि मेरो भन्छ यो 'लेखनाथ'।

इति शरद्-विचार

९७ मञ्जु : मनोहर।
९८ दीर्घ : लामो।
९९ गर्वी : मदमत्त। गोपति : गोरु।
१०० वेद-पथैसरि : वैदिक धर्मानुकूल जीवन शैलीजस्तै।
१०१ दृष्टिपात : नजर दिने काम/पढ्ने कार्य।

अय
हेमन्त-विचार

१

गर्दा-गर्दै खुशीसाथ शरत्-सौन्दर्य-वर्णन
हेमन्तले खिँची-हाल्यो कविको लेखनीकन।

२

भारी बोकेर जाडाको टाढाको बटुवा-सरी
हिम-दन्तुर हेमन्त आयो मैलोपना धरी।

३

मैलो दुर्गुणको थैलो त्यो हेमन्त भयङ्कर
देखेर डरले भागी शरद्-बाला दिगन्तर।

४

हेमन्त डाकिनी-तुल्य लोक ठाडै कठचाउँछ
झल्कने हिम-दाह्राले जो जो पायो अँठ्याउँछ।

५

घसी भस्म तुषाराको कुइराको लटा धरी
धुम्मियेको छ हेमन्त अवधूतै-बराबरी।

---

२ **हिम-दन्तुर** : हिउँरूपी दारा भएको।
३ **शरद्-बाला** : शरद् ऋतुरूपी नवयुवती। **दिगन्तर** :
दिशा विदिशातिर।
४ **डाकिनी** : पिशाचिनी।
५ **अवधूत** : अघोरी साधु।

६

अँठ्याउने हिमै चिम्टा मौकामा छन्छनाउँछ
जहाँ पनी धुवाँधार धुनी घोर जगाउँछ।

७

परालको नलै मैला उसको छ बगम्बर
माला कटकटाऽऽकार दन्तको फेर्छ सुन्दर।

८

गेरु-रङ्गी फलाऽऽनम्र सुन्तला कीपका रुख
फुम्रा हेमन्त बाबाका चेला भैं छन् ति सम्मुख।

९

नयनाऽऽनन्दका साथै रसनाऽऽनन्द-दायक
फल अर्को कुनै छैन सुन्तला-तुल्य लायक।

१०

सुन्तला छन् फिलिङ्गा भैं फुस्स हुस्सू धुवाँ सरी
विना आगो पनी भल्क्यो धुनीको दिव्य माधुरी।

११

कुइरो बढदै आयो शान्ति-शोभा सबै हरी
जीवका मनमा मानू भोगको तिर्सना-सरी।

---

७ **बगम्बर** : बाघका छालाको वस्त्र । **कटकटाऽऽकार** :दाँत किट्किट् गर्नुरूपी ।

८ **गेरु-रङ्गी** : गेरुवा रंग भएका । **फलाऽऽनम्र** : फलहरूको बोझले भुकेका । **कीप** : ज्यामिर जातिको अमिलो फल ।

९ **नयनाऽऽनन्द** : आँखाको आनन्द । **रसनाऽऽनन्द** : जिब्राको आनन्द ।

१० **दिव्य माधुरी** : अलौकिक मधुरता/चमत्कारपूर्ण सौन्दर्य ।

१२

बिहानी-पखको राती शीतको कुइरा-सित
अनौठाको मित्यारी छ रुने हाँस्ने क्रमै-सित ।

१३

छुटचाई औलको सीमा काँठो लागी वरीपरी
पहिले कुइरो बस्छ तन्केको पगरी-सरी ।

१४

त्यो देखी उसको मित्र शीत वैरिन थाल्दछ
तत्कालै कुइरो सोभै फाँटमा फाल हाल्दछ ।

१५

त्यो माथीबाट देखिन्छ सबेरै टम्म फाँटमा
फट्की राश लगायेको रुवाको दिव्य ठाँटमा ।

१६

लम्तन्न भै निदायेको बडा आनन्दमा परी
औलाको प्रतिमा-तुल्य कुइरो हुन्छ त्यो घरी ।

१७

बाल-सूर्य-प्रभाले त्यो फुस्स फुस्कन्छ सुस्तरी
व्युत्थान-कलना-द्वारा संयमीको मनै-सरी ।

---

१३ **औल** : बेंसी/खोंच । **काँठो** : क्षितिजमा देखा पर्ने तुवाँलो ।
१७ **बाल-सूर्य-प्रभा** : कलिला घामको हलुका राप । **व्युत्थान-कलना** : समाधिबाट फर्कने क्रिया ।

१८

विचार गर्दा उसको न रेखा छ न रङ्ग छ
ब्रह्ममा विश्व भैं खाली भ्रान्तिको त्यो तरङ्ग छ ।

१९

भित्र अत्यन्त निःसार फुस्स आकार बाहिर
माया-जञ्जाल भैं हुस्सू लटारिन्छ सबैतिर ।

२०

शीत-रेखा जमेको छ उसमा भित्र बेसरी
सङ्कल्प-शक्तिका साथ संसार-महिमा-सरी ।

२१

चोटा-कोठा सबै चाली पुग्छ सुस्तै सबैतिर
हुस्सू भये पनी नाम, काम हुस्सू कहाँ छ र ?

२२

विचित्र जादूगरका जादूको शक्तिले सरी
एकै डल्लो गरी-दिन्छ उसले दृष्टि-माधुरी ।

२३

कुइराको कडा पर्दा लर्कंदा त्यो सबैतिर
दृष्टिको ज्योति जाँदैन बित्ता-भर पनी पर ।

---

१८ **ब्रह्ममा विश्व भैं** ....: (वेदान्त दर्शनअनुसार यो समग्र
विश्व ब्रह्ममा देखा परेको भ्रान्तिमात्र भएभैं)

१९ **माया-जञ्जाल** : अवास्तविक आभासमात्रको जालो ।

२० **सङ्कल्प-शक्ति** : मनको इच्छाशक्ति ।

२२ **दृष्टि-माधुरी** : हेर्नुको आनन्द ।

२४

न पक्षीको कुनै शब्द, न प्रभा दिननाथको
भेद छुट्याउनै गाह्रो रातको र प्रभातको।

२५

देखी प्रकृतिको दिव्य प्रातः-कालीन गौरव
हुस्सू-रूप महामैला थैलामा बन्द भो सब।

२६

हुस्सू प्रकृतिको लामू गर्भाशय-समान छ
उसमा कर्म-बाधाको सबैको एक मान छ।

२७

दिशा यो विदिशा यो हो भन्ने भेद पनी गयो
मानू समसमाऽऽकार लय-लीला खडा भयो।

२८

सवेरै देव-कन्याले बढारी स्वर्ग-मन्दिर
फालेछन् कि यता मैलो हुस्सू-रूप कसिङ्गर ?

२९

न मेघ हो, न हो पानी, न धुवाँ हो, न वाफ हो
बिहानै ढुस्सिने तेस्तो नजाने कुन पाप हो ?

---

२४ **दिननाथ** : दिवाकर/सूर्य ।

२६ **कर्म-बाधा** : काम गर्न बाधा पर्नु / विविध कृत्यद्वारा
उत्पन्न हुने जटिलता ।

२७ **विदिशा** : दुई दिशाका बीचको भाग । **समसमाऽऽकार** :
सबै एकछत्त हुने खालको । **लय-लीला** : लुक्ने खेल ।

३०

मैलो विषय-तृष्णामा मुक्तिको महिमा-सरी
कुइरामा बिपत्ता भो श्रीसूर्योदयको घरी।

३१

निद्राले चेतना जस्तै हुस्सूले दृष्टिको गति
साह्रै गुटूमुटू पाऱ्यो देखिँदैन यता-उती।

३२

कुइरामा कठै !! काग घुम्छन् अन्योलमा परी
मायाले मुक्तिको मार्ग बिर्सेका विषयी सरी।

३३

आधा हिलामा लत्रेको पद्मका फुलको सरी
कुइरामा दब्यो आधा दिनको कान्ति-माधुरी।

३४

हेमन्त-सिन्धुमा घुम्दा कुइरो-रूप मन्दर
जगतै कछुवा बन्छ खुम्च्याई अङ्ग जर्जर।

३५

तेही मन्थनका छिर्का तुषाराको स्वरूपमा
वर्र वर्र सबै-तर्फ वर्षेका हुन् कि विश्वमा ?

---

३० **विषय-तृष्णामा मुक्तिको ....:** (विषय वासनाको खेलमा
मोक्षको महत्त्व हराए भँै)

३३ **पद्म :** कमल । **कान्ति-माधुरी :** उज्यालो शोभा ।

३४ **हेमन्त-सिन्धु :** हेमन्त ऋतुरूपी समुद्र । **मन्दर :** समुद्र
मन्थन हुँदा मदानी बनाइएको मन्दराचल । **कछुवा :** त्यो
मदानीलाई आफ्नो ढाडमा टिकाइराख्न बसेको कछुवा ।

३६

कम्ती भयो भने मैत्री शीतको कुइरा-सित
तुषारो जोरले हाँस्छ खित्का छोडेर खित्खित ।

३७

बेलुका सुतदा अर्कै रङ्गमा सब सृष्टि छ
बिहान उठदा अर्कै सेताम्मे हिम-वृष्टि छ ।

३८

साना परालका छाना तुषारो थुप्रिदामहाँ
सिङ्गमर्मरका जस्तै मजाका देखिने अहा !

३९

छोपियेकी तुषाराले देखिन्छिन् भूमि यो घरी
कुनै कपास भैं सेतै फुलेकी बुढिया सरी ।

४०

ठण्डीका डरले सेतो मण्डीमा भै गुटूमुटू
नींदले पृथिवी देवी बनीछिन् कि लुटूपुटू ।

४१

खात हो वा तुषाराको यद्वा दुःख-प्रपात हो
फुम्रा हेमन्तको यद्वा फुम्रो दुःसह लात हो ।

४२

तुषाराका तिखा सेता काँढा हान्दै पछिल्तिर
रात्रि-दुंसी घुस्यो यद्वा पश्चिमाऽद्रि-गुफा-तिर ।

____

४० **मण्डी** : रेशमी पछ्यौरा ।

४१ **दुःख-प्रपात** : दुःखको ओइरो । **दुःसह** : दुःखले मात्र सहन सकिने ।

४२ **पश्चिमाऽद्रि-गुफा** : पश्चिमतिरको पहाडमा रहेको गुफा ।

४३

हेर्दा तुषारो राम्रो छ कुल्चदा र समाउँदा
कक्रक्क पारी तत्कालै सातो हर्दछ सर्वदा।

४४

काट्टियेर सदा रुन्छन् सारा वृक्ष-लताहरू
शीतका रूपमा आँशु चुहायेर धुरूधुरू।

४५

लता-वृक्ष तुषाराले सब पाच्यो थिलो-थिलो
जिड्रिड्ड वन देखिन्छ शोभा-शून्य उराठिलो।

४६

पक्षी कठै ! पखेटाको तुषारो टक्टक्याउन
चाहन्छन् काट्टियेका छन् शत्तैनन् फट्फटाउन।

४७

न चराको कतै रङ्ग, न कतै पुष्प-पल्लव
तुषारामा डुब्यो सारा वनको महिमा सब।

४८

हरायो शीतका मारे वृक्षको बढ्ने गति
अँठ्चायेपछि अर्कले कसको हुन्छ उन्नति।

४९

देखिये तुहिनाऽऽक्रान्त लता वृक्ष वनस्पति
आलस्यले अँठ्चायेका जाति जस्तै हत-द्युति।

---

४९ **तुहिनाऽऽक्रान्त :** हिउँले कक्रिएका । **हत-द्युति :**
कान्तिविहीन ।

५०

जराले जीवको दिव्य यौवन-ज्योति भैं सब
दबायो शीत-धाराले शरत्को पुष्प-गौरव।

५१

घुम्टो हालेर हुस्सूको शीत-धारा चुहाउँदै
बिहानमा अँध्यारी भै रुन्छिन् प्रकृति नै सधैं।

५२

हात गोडा सबै बाँधी भोक्रिन्छ जगतै सब
हुस्सूका माझमा फुस्स हुन्छ कर्तव्य-गौरव।

५३

दिन हेमन्तका साह्रै खियेका छन् कठैवरी!
धर्म-भीरु दयापूर्ण निर्लोभी सज्जनै सरी।

५४

बारुलाले सरी हर्द ठण्डीले उग्र चिल्दछ
भाग्यले औषधी-तुल्य पाहार तर मिल्दछ।

५५

गद्गदाऽऽकार भै बस्छ दुनियाँ सब घाममा
योगाऽऽरूढ महात्मा भैं दिव्य कैवल्य-धाममा।

---

५० **जरा :** बुढ्यौली। **पुष्प-गौरव :** फूलको समृद्धि।
५३ **धर्म-भीरु :** धर्महानि होला कि ! भनेर डराउने।
५४ **पाहार :** न्यानो घाम।
५५ **योगाऽऽरुढ :** योगको विशिष्ट अवस्थामा पुगेको।
दिव्य : स्वर्गीय। **कैवल्य-धाम :** मुक्तिको अवस्था।

५६

जस्तो पाहारमा प्रेम दुनियाँको छ हालमा
उत्तिको प्रेम के होला अन्त यो सृष्टि-जालमा ।

५७

पाहार-रूप यो दिव्य शीत-संहार-साधन
ठुला साना सबैलाई जीवनीको ठुलो धन ।

५८

लिंदा-लिंदैमा स्वर्गीय शान्ति पाहारमा बसी
खडा हुन्छे कडा काली तत्कालै रात्रि-राक्षसी ।

५९

निस्की कलमुखी रात्री जहाँ शूर्पणखा सरी
जान-की पद्मिनीलाई वहाँ बाधा कठैवरी !

६०

रामाऽऽत्मा रविले रात्रि-राक्षसीको चुरी-फुरी
पाहार-खड्गले हर्दा चल्यो अर्कै कडा हुरी ।

---

५६ **शीत-संहार-साधन** : चीसोपनलाई हटाउने उपाय ।

५८ **रात्रि-राक्षसी** : राक्षसजस्तो डरलाग्दो चीसो रात ।

५९ **शूर्पणखा** : रामायणकी एउटी डरलाग्दी राक्षसी । **जान-की पद्मिनी** : कमलजस्तै सुकोमल जानकी सीता/कमलजस्तै कोमल ज्यान ।

६० **रामाऽऽत्मा रविले...** : (सूर्यरूपी रामले रात्रिरूपी राक्षसीको फूर्तिलाई पाहाररूपी तरवारले छिनालेपछि...)

६१

फाँडिये कण्टक-प्राय बढेका खर-दूषण
पियारो भो-जनस्थान, रह्यो अध-म-रा-वण ।

६२

रात्रि-शूर्पणखा काली अँध्यारो मुख लाउँदै
हिम-रावणका साथ गर्छे मानू कुरा रुँदै ।

६३

फिंजारेकी छ उसले जगल्टा अन्धकारका
शीतका रूपमा हर्दं खसाल्छे आँशुका ढिका ।

६४

मेघ-नाद छँदैछैन पन्छाई-र-वि-भीषण
रात्रि-शूर्पणखाले त्यो जगायी हिम-रावण ।

६५

पछारिंदामा त्यो रात्रि-राक्षसी आयतोदरी
धेरै नै थिचिये राम्रा उज्याला दिनका घरी ।

---

६१ **कण्टक-प्राय:** काँढातुल्य /शत्रुवत् । **खर-दूषण** : रामायणका
असत् पात्र दुई राक्षसहरू, जसलाई रामले संहार गर्नुभयो
/नराम्रो खर नामक घास । **भोजनस्थान** : भोजन गर्ने ठाउँ
/**जनस्थान** : रामले वनवासकालमा वास बसेको भीषण
जंगल । **अध-म-रा-व-ण** : अधमरा वन/ अधम रावण ।

६३ **रात्रि-शूर्पणखा** : रात्रिरूपी शूर्पणखा (रामायणकी एउटी
भीषण राक्षसी) **हिम-रावण** : हिमरूपी रावण ।

६४ **मेघ-नाद** : बादलको गर्जन / मेघनाद नामक रावणको
छोरो । **रवि भीषण** : डरलाग्दो सूर्य / **विभीषण** : रावणको
धर्मात्मा भाइ । **रात्रि-शूर्पणखा** : रात्रिरूपी शूर्पणखा
राक्षसी । **हिम-रावण** : हिउँरूपी रावण ।

६५ **आयतोदरी** : ठूलो पेट भएकी ।

६६

देखिने-बित्तिकै भट्ट दबिन्छ दिन-माधुरी
दरिद्रको क्षण-स्थायी मनको मन्सुवा सरी।

६७

उनै सूर्य, उनै पृथ्वी, उही छ किरणाऽऽवली
कालको गतिले गर्दा राप किन्तु अली अली।

६८

फर्कउँछ सिधा पीठ दुनियाँ सूर्य-सम्मुख
हेरला को कठै ! मन्द गिरेका मित्रको मुख ?

६९

तेजस्विता भयेदेखि सूर्यमा क्यै अलीकती
शीतले यसरी लोक काँपदो हो कहाँ यती ?

७०

परेछ शीत-सम्बन्धी सूर्यलाई पनी पिर
नत्र तेसरि सोझिन्थे किन अग्नि-भये-तिर।

७१

राम भैं रवि जानाले कोल्टामा मन्द भैकन
जानकी पद्मिनी हर्न खडा भो हिम-रावण।

---

६६ **दिन-माधुरी** : दिनको कान्ति। **क्षणस्थायी** : एकैछिन मात्र रहने।

६७ **किरणाऽऽवली** : किरणका रेखाहरू।

६८ **मित्र** : साथी / सूर्य।

७० **अग्नि-भये-तिर** : अग्निदेवताको कोण आग्नेय दिशाततिर।

७१ **जानकी पद्मिनी....:** (जानकी सीतारूपी कमलिनीलाई हरण गर्न हिउँरूपी रावण खडा भयो)

७२

बिहोस भै ढली-हाली पद्मिनी विकलाऽऽकृति
होसमा किन घुम्रन्थी अर्काका काखमा सती ।

७३

दुष्टले पद्मिनी कान्ता हर्नले विरहाऽऽतुर
दोस्रो राम सरी सूर्य बने मालिन्य-मन्दिर ।

७४

समातेर   धनूराशि   राम-रूप-दिवाकर
शीताऽऽतुर हुँदै ज्यादा जाँदैछन् कि उँधो-तिर ?

७५

एतावता बढ्यो जाडो, थाल्यो त्यो हिम वर्षन
विलायो कमल-श्रेणि, पुगे श्रीसूर्य दक्खिन ।

७६

दुःख दुर्भाग्यको धारो ठण्डीका उग्र-रूपमा
खनिदो छ कठै !! राती लगातार गरीबमा ।

---

७२ **पद्मिनी** : कमलिनी । **विकलाऽऽकृति** : ओइलाएको ।

७३ **कान्ता** : प्यारी । **विरहाऽऽतुर** : विरहले व्याकुल बनेका ।
मालिन्य-मन्दिर : मलिनताका स्वरूप ।

७४ **दिवाकर** : सूर्य । **शीताऽऽतुर** : शीतले आतुर/सीताको
खोजीमा आतुर । **समातेर धनूराशि...** : (पुस महिनामा
सूर्य धनुराशिमा जाने भएकाले रामरूपी सूर्य धनुराशिरूपी
धनु समातेर । शीतरूपी सीताका कारण आतुर भएर ।
उँधोतिर अर्थात् लङ्कातिर जान लागेका हुन् कि? भन्ने
उत्प्रेक्षा गरिएको हो)

७५ **एतावता** : यी सबै कुराले गर्दा । **श्री सूर्य दक्खिन...** :
सूर्य दक्षिणायनतिर लागे ।

७७

दुःखीका दुःखको याद भये-देखी अलीकती
दैवले सब उल्टन्थ्यो तत्कालै सृष्टि-पद्धति।

७८

दुःखी गरीबका लेखा नख-देखी शिखातक
चर्चरी चिरने पापी हेमन्तै घोर नारक।

७९

रातमा घुसदा शीत दुःखका भित्र आँतमा
दाँतको झगडा हुन्छ को जाने कुन बातमा ?

८०

कन्था विकामका भद्दा थाङ्नामा मस्त भैकन
हालका कविजीजस्तै लागे गरिब खुम्चिन।

८१

कालो तरङ्ग-सङ्कीर्ण दह भैं पान्थको मन
फोरी नयनको बाँध लाग्यो साह्रै छचल्किन।

---

७६ **सृष्टि-पद्धति :** सृष्टि गर्ने तरीका ।

७८ **नखदेखि शिखातक :** नड्डेखि टुप्पीसम्म । **नारक :** नरकजस्तो ।

७९ **दाँतको झगडा ...:** दाँत किटकिटाउँछन् ।

८० **कन्था :** जीर्ण वस्त्र ।

८१ **तरङ्ग-सङ्कीर्ण :** जल तरङ्गले व्याकुल बनाएको । **पान्थ :** बटुवा । **नयन :** आँखा ।

८२

घडी-तुल्य पला लाग्छन्, वर्ष-तुल्य घडी सब
दुःखी दाह्रा किटी भोग्छन् रातको शीत-रौरव।

८३

खुम्च्याउँछन् सबैलाई काला दीर्घ विभावरी
कठै !! घोर अविद्याका गह्रुङ्गा गठरी सरी।

८४

जुन रात-विषे हुन्छ दुःखीको प्राण-संशय
सुखीलाई उनै रात सुधाका लहरीमय।

८५

सुखीका सुखको साक्षी, दुःखीको दुःख-वर्धन
कुल्कन्छ रातमा भुल्का फुलाई खूब गर्धन।

८६

दुःखी कौरव भैं खिन्न, सुखी पाण्डव भैं बनी
हेर्दछन् द्रौपदी-चीर-तुल्य हेमन्त-यामिनी।

---

८२ **घडी** : चौबीस मिनेटको समय। **पला** : एक पल। **शीत
रौरव** : रौरव नरकजस्तै खपिनसक्नुको जाडो।

८३ **दीर्घ** : लामा। **विभावरी** : रात्रि। **अविद्या** : अज्ञान।

८४ **प्राण-संशय** : ज्यानको जोखिम। **सुधाका लहरीमय** :
अमृतका तरङ्गले भरिएका।

८५ **दुःख-वर्धन** : दुःख बढाउने। **कुल्कन्छ** : कराउँछ। **भुल्का** :
लाटोकोसेरो।

८६ **द्रौपदी-चीर-तुल्य** : द्रौपदीको वस्त्रजस्तै। (दुःखीका लागि
कहिल्यै नसकिने लामो भएकाले खिन्नताको कारण बनेको र
सुखीका लागि कहिल्यै नसकियोस् भैं लाग्ने हेमन्त ऋतुका
रातको बयान) **हेमन्त-यामिनी** : हेमन्त ऋतुको रात।

८७

पोखरीमा विलायेकी देखी कुमुदिनीकन
लागे कुमुदिनी-नाथ करुणा-वश पग्लन।

८८

फिका देखिन्छ अत्यन्त पद्मले शून्य पोखरी
जुवामा धन फालेका जुवाडेको मुखै-सरी।

८९

पद्मका रसको प्रेमी मद-मत्त मधु-व्रत
घुम्न थाले अँगेरीका फुलमा दुःख-कर्शित।

९०

कहाँ वेली, कहाँ चम्पा, कहाँ मन्दार, पाटल
कालले गनियो खाली फुलमा तुच्छ धुर्सुल।

९१

शीतले फुलका साना बगैंचाका बुटाहरू
परलोक भये धेरै, रुन्छन् थोरै धुरू-धुरू।

---

८७ **कुमुदिनी** : चाँदनी रातमा फुल्ने कमल विशेष। **कुमुदिनी-
नाथ** : चन्द्रमा। **करुणा-वश** : करुणाको वशमा परेर।

८८ **पद्म** : कमलको फूल।

८९ **पद्म** : कमलको फूल। **मदमत्त** : पुष्परसरूपी मदिरा
पान गरेर मातेका। **मधु-व्रत** : भमरा। **दुःख-कर्शित** :
दुःखले थिलथिलिएका।

९० **मन्दार** : पारिजातको फूल। **पाटल** : गुलाबको फूल।
धुर्सुल : धुस्रे फूल।

९२

रस-धारा चुसी सारा तुषाराले वनस्थली
गरायो नीरसाऽऽकार छैन केही भिली-मिली।

९३

पुष्प-पल्लवको शोभा नभयेको वनै सब
बन्यो स्वाऽऽधीनता-रत्न फालेको दास भैं अब।

९४

गलेकी हिम-वर्षाले, बलेकी तपले अति
गौरी भैं कलिला साना प्याहुली छन् कताकती।

९५

देखिन्छ वनमा यौटा फुलेको लोध हालमा
सिद्धि-सम्पत्तिले पूर्ण योगी भैं विश्व-जालमा।

९६

लेकबाट भऱ्यो सारा विवेकी क्रौञ्चको गण
देश-कालज्ञले लिन्थ्यो कूप-मण्डूकता किन ?

---

९२ **रस-धारा** : जीवनी-शक्ति । **वनस्थली** : वनको भूभाग । **नीरसाऽऽकारा** : रुखो-सुखो/नीरस ।

९३ **पुष्प-पल्लव** : फूल पालुवा । **स्वाऽऽधीनता-रत्न** : स्वतन्त्रतारूपी रत्न ।

९४ **हिम-वर्षा** : हिउँको वर्षा । **प्याहुली** : पहेँलो फूल फुल्ने कोमल फूलको बुटो ।

९५ **लोध** : सेता पहेँला बास्नादार फूल फुल्ने एक प्रकारको रुख । **सिद्धि-सम्पत्ति** : योगसाधनाद्वारा प्राप्त अलौकिक सिद्धिरूपी सम्पदा । **विश्व-जाल** : संसार ।

९६ **क्रौञ्च** : कन्याङ्कुरुङ् नामको पक्षी । **देश-कालज्ञ** : ठाउँ र समयको मर्म बुझ्ने प्राणी । **कूप-मण्डूकता** : कुवाका भ्यागुताको जस्तो बुद्धि ।

खलामा धानको दाइँ गर्न थाले धमाधम
दुःखीको पसिना-पूर्ण फल्यो सारा परिश्रम ।

९८

त्यो वेला ती दयेँराको आनन्दी रङ्ग देखदा
चित्तले दङ्ग भै भन्छ यै हेमन्त रहोस् सदा ।

९९

मिहेमा धानका भुप्पा, घुम्दछन् गोरु धानमा
दयेँरा धान वैरन्छन् मस्त छन् सब धानमा ।

१००

म भन्थेँ हिममा राम्रा बुट्टा मै भर्दछू भनी
भित्र देखेँ महाबुट्टा, बन्द भो टक्क लेखनी ।

१०१

प्रथम ऋतु नराम्रै हुन्छ हेमन्त खास
अझ उस ऋतुमाथी यो छ काव्योपहास ।
अवगुण सब छानी गर्नुहोस् दृष्टि-पात
भनि सबसँग विन्ती गर्छ यो 'लेखनाथ' ।

इति हेमन्त-विचार

---

९७ **पसिना-पूर्ण** : पसिना बगाएर सम्पन्न गरिएको ।
९८ **दयेँरा** : दाइँ गर्ने किसान ।
९९ **मिहे** : दाइँ गर्ने खलाका बीचमा गाडिएको खम्बा । **दयेँरा** : दाइँ गर्न लागेका किसान ।
१०० **हिममा** : हिउँमा ।
१०१ **काव्योपहास** : काव्यको उपहास गरेजस्तो । **दृष्टिपात** : दृष्टि दिने काम ।

अय
शिशिर-विचार

१

हेमन्तको थियो जस्तो उस्तै शिशिरको छवि

दुर्लभै हुन्छ दोटाको भेद छुट्याउने कवि।

२

उही ठण्डी, उही हुस्सू, हिम-वर्षा उही सब

अहो ! शिशिरले सारा हऱ्यो हेमन्त-वैभव।

३

हेमन्तको म हूँ भाई, हुन्छु दाई-बराबर

भन्ने शिशिरको भित्र पक्का छ मनमा सुर।

४

थपी हेमन्तको भन्दा बढता वात-सङ्कट

सेक्यो शिशिरले साह्रै लोकका दुइ कञ्चट।

५

दिनहूँ तल घर्कन्छ चुलियेको हिमाऽचल

बिहोसी ऐशमा मस्त राष्ट्र भैं मद-सङ्कुल।

---

१ **छवि :** शोभा ।

२ **हेमन्त-वैभव :** हेमन्त ऋतुको सम्पदा ।

४ **वात-सङ्कट :** ठिहिऱ्याउने हावाको सङ्कष्ट । **लोकका :** मानिसका ।

५ **हिमाचल :** हिमालय पर्वत । **मद-सङ्कुल :** मदोन्मत्त /मातेर भिल्लु भएको ।

६

सारा शरीरमा शीत फैलिँदामा पनी सब
अहो ! कम्प-ज्वराऽऽक्रान्त रोगी भैं काँप्तछन् अब ।

७

दुर्भाग्य – चक्रले तुल्य शरीरै चर्चरी चिरी
हवा शिशिरको घुम्छ लगातार सिरी सिरी ।

८

हिमका बहुतै साना परमाणु हवा-भरी
मिलेका छन् करौंतीका तीखा दन्त-शिखा सरी ।

९

हुर्-हुर् चिसो हावा हुहुरायेर आउँछ
जुरुङ्ग भै सबै अङ्ग उसले जुर्जुराउँछ ।

१०

रोमाञ्च शिशिरैमा भैं सर्वदा उठने-भये
सब मानिस दुंसी भैं काँटादार हुने-थिये ।

११

कडा बतासले जाडो जागेको छ घरी-घरी
जन-सङ्गतिले कच्चा योगीको वासना सरी ।

---

६ **कम्प-ज्वराक्रान्त** : काम जरोले थलिएको ।

८ **दन्त-शिखा** : दाँतका धार ।

११ **जन-सङ्गति** : आम मानिससँगको संसर्ग । **वासना** :
सांसारिक विषयवस्तुप्रतिको चाहना ।

१२

भू-कम्प-कालको रङ्ग पापी शिशिर ल्याउँछ
बस्ता-बस्तै पनी तेसै देह यो डगडगाउँछ।

१३

हात अत्यन्त आत्तिन्छन्, खुट्टा हुन्छन् लुटू-पुटू
अघीको आफनू चाल छोडी-दिन्छ कठै ! मुटू।

१४

घर्केका हिमका थुम्का खस्छन् शब्द ठुलो गरी
भूकम्प-कालमा अग्ला कौसी बुर्जाहरू सरी।

१५

आयो शिशिर-भैंचालो कमाई लोक थर्थरी
सफा सुघरका गाला चिरिये सब चर्चरी।

१६

अडिने साहसै छैन, चाहन्छन् सब पल्टनै
खुला दो-कान को राख्छ गले-बन्द-भये कुनै।

---

१२ **भू-कम्प-कालको** : भुइँचालो गएका वेलाको ।

१४ **बुर्जा** : ठूला घरको माथिल्लो तलामा रहेको गोलाकार
कोठो / गुम्बज ।

१६ **पल्टनै** : पल्टिन नै/ढल्किन नै अथवा पल्टन नै । **दोकान** :
पसल अथवा **दो कान**: दुइ वटा कान । **गलेबन्द** :
मफलर अथवा **गले / सकिए / बन्द भए** ।

१७

मानीस बाहिरै निस्के चौरको खोजनी गरी
मरी-यो कम्पले भन्दै देखिन्न पुरमा-धुरी।

१८

वर्षे-को-हि-मले कोही भये पल्टेर सोत्तर
युद्धको सम्झना भैगो उत्तिखेरै सबै-तिर।

१९

मैलो शिशिर यो नामी धामी भैं जम्जमाउँछ
थोत्रो बादलको ढचाइङ्ग्रो ढन्न ढन्न बजाउँछ।

२०

शीतका मन्त्रले मन्त्री हिमको भष्म छर्दछ
हुर्र हुर्र हवा-रूप फूँक त्यो खूप भर्दछ।

२१

बेढङ्गी चालले हर्दं दन्त-माला चलाउँछ
मानू धूप-धुवाँ फुस्स हुस्सूको त्यो उडाउँछ।

२२

मसिना असिना-रूप अक्षता पनि छर्छरी
छर्छ त्यो कहिले-काहीं सातो सकलको हरी।

____

१७ **मरी** : मरेर अथवा **मरियो**। **कम्प** : काप्ने क्रिया। **पुरमा** :
नगरमा। **धुरी** : घरका शिखर अथवा **पुर-माधुरी** : नगरको
सौन्दर्य।

१८ **वर्षे-को-हि-मले कोही** : वर्षेको हिमले कोही / वर्षे कोही मरे
कोही।

२० **मन्त्री** : मन्त्रिएर।

२१ **दन्त-माला चलाउँछ** : दाँतका लहरहरूलाई किट्किट् पार्छ।

२३

श्यालको बहुतै लम्बे शब्द-द्वारा फलाक्दछ
ठन्नीको देवतालाई अनेक बलि माग्दछ।

२४

मन्त्रले तन्त्रले हो वा लोक साह्रै कमाउँछ
जगाई भोकको भूत रोग-दासु धपाउँछ।

२५

पानी कठै ! छुना-साथ असाध्य ठिहिर्‍याउँछ
बिच्छीका डङ्कको भ्वाला तालु-सम्म पुर्‍याउँछ।

२६

जीवका जीवनाऽऽधार सूर्य, अग्नि, रुवा, उन
नपाये चारमा यौटा बन्छ निर्जीव जीवन।

२७

आकाश रूँदिदै आयो केहि मैलो-पना धरी
भित्री कुकर्म-चिन्ताले सतायेको मनै-सरी।

२८

रूँदियेका दिनै सारा बिकम्बा छन् कठैवरी !
दुर्भाग्य-दोषले ज्यादा दबायेका गुणी-सरी।

---

२४ **रोग-दासु** : रोगरूपी डाका ।
२५ **भ्वाला** : पीडा ।
२७ **रुँदिदै आयो** : धमिलोपनले ढाकिँदै आयो ।
२८ **रुँदिएका** : मलिनताले ढाकेका ।

२९

अँध्यारो रूँदले गर्दा अँध्यारामा बिते दिन
उज्यालो मुक्ति-चेष्टा भैं नष्ट भो सूर्य-दर्शन ।

३०

रूँदका रूपमा यद्वा शीत-व्याकुल लोकको
आकाशमा गिर्‍यो लामू पर्दा मलिन शोकको ।

३१

हिमको तकिया तानी ओढी त्यो रूँद-सीरक
आफैं शिशिर लेट्यो कि पन्छाई रवि-दीपक ?

३२

हटदैन विना बूँद मैलो रूँद कसै गरी
आँशु केही नवर्षाई शोक जान्थ्यो कहाँ टरी ।

३३

दिक्क गर्छ सबैलाई माघको सिम्सिमे भरी
ज्यादा कचकचे थाङ्ने घर-खोते बुढो सरी ।

३४

खुलेर जलका धारा भर्दैनन् कहिल्यै पनी
पानी अली अली दिन्छ मेघ कञ्जूस भैं बनी ।

---

२९ **रूँद** : आकाशमा छाएको धमिलोपन । **मुक्ति-चेष्टा** : भवबन्धनबाट
 मुक्त हुने प्रयास ।
३० **रूँद** : तुँवालो । **शीत-व्याकुल लोक** : चीसोले पीडित बनेको जगत् ।
३१ **हिमको** : हिउँको । **रूँद-सीरक** : तुवाँलोरूपी सिरक । **रवि-दीपक** :
 सूर्यरूपी बत्ती ।
३२ **विना बूँद** : पानी नपरिकन । **रूँद** : तुवाँलो ।
३३ **घर-खोते** : घरमा बसेर निहुँ खोजिरहने/झगडालु स्वभावको ।

३५

वर्षाको त्यो महादानी मेघको महिमा सब
गरीबीपनले हो कि ? खुम्चियेछ पुरा अब।

३६

न त पानी कतै बस्छ न कतै भल चल्दछ
प्राणीको शान्तिका साथ खाली जमिन गल्दछ।

३७

वातैले खुम्चिनू-पर्ने अँध्यारो माघको झरी
बिताउनै बडो गाह्रो दुःखीको जीवनी-सरी।

३८

न ज्यादा जल वर्षन्छ न त आकाश खुल्दछ
दुःखको भोग भैं लम्बा झरी लंलष्ट चल्दछ।

३९

कर्म-जञ्जाल भैं मैलो झरीका वशमा परी
गुटूमुटू भै खुम्चन्छ दुनियाँ गर्भमा सरी।

४०

धुनीमा सब धुम्मिन्छन् श्रद्धा-साथ घरी-घरी
दुःखमा देवता जस्तै भगवान्को वरी-परी।

---

३७ **वातैले** : चीसो हावाले।

३९ **कर्म-जञ्जाल** : आफूले गरेका राम्रा नराम्रा कर्महरूको
जालो। **गर्भमा सरी** : पूर्वजन्मका कर्मको परिणाम
स्वरूप जीवले गर्भवास गर्दा खुम्चिनु परेभैं।

४० **धुनीमा** : जाडो भगाउन दन्काएको आगोमा।

४१

कोही काख-विषे राखी अग्निले पूर्ण अट्टल
योगी भैं परमाऽऽनन्दी बन्छन् बाँधेर पट्टल।

४२

लामा लामा बिरालीको गोडामा ताँति लाग्दछ
तैपनी घरमा मूसो असाध्यसित जाग्दछ।

४३

लुगामाथी लुगा खाप, आगो ताप घरी घरी
स्यू स्यू स्यू नगरी तेसै के जाला माघको भरी ?

४४

काम सातो लिने मात्र, नाम सातो-दिने भरी
कति राम्रो मिलेको छ बाहिरी शब्द-माधुरी।

४५

हिमानी, वयले पूर्ण दिव्य पुत्री हिमालकी
भरीको भ्याल खोलेर हेर्दिछिन् आडमा लुकी।

४६

तिर्सना-जाल भैं लम्बा पन्छिँदा त्यो कडा भरी
कान्तिले दिन झल्कन्छ शान्ति-पूर्ण मनै-सरी।

---

४१ **अट्टल** : आगो बाल्ने माटाको भाँडो / मक्कल । **पट्टल**
बाँधेर : आँखाका ढकनी बन्द गरेर / दुवै आँखा चिम्लिएर ।
४४ **सातो-दिने भरी** : सात दिनसम्म लगातार परिरहने भरी ।
४५ **हिमानी, वयले पूर्ण** : हिउँको थुप्रोरूपी / उमेर पुगेकी ।
४६ **तिर्सना-जाल भैं लम्बा** : मानिसका मनको विभिन्न
तिर्सनारूपी जालो जस्तै लम्बेतान बनेको ।

४७

ठण्डीका पिरले मानू हिम आफैं उँधो-तिर
बसाई बस्न आयो कि बनाई काँठमा घर ?

४८

नगीचको रुखो डाँडो हिम पर्दा हिमालको
देखिन्छ फेटा बाँधेको मूर्ति भैं उग्र कालको।

४९

दाह्रा-तुल्य चुचे ढुङ्गा दण्ड भैं धूपिका रुख
बायेको पहरा-रूप चौतर्फी गहिरा मुख।

५०

हिमाऽचल नदी-रूप पुत्रीलाई धमाधम
यथेच्छ दिन लाग्यो कि पेवाको रूपमा हिम ?

५१

सारा नद नदी सेतो ठाँटो सलिलमा परी
देखिन्छन् सुकिला राम्रा श्रीशुक्ला गण्डकी सरी।

५२

घर्केको हिम रेलिन्छ नदीका स्रोतमा सधैं
संसारी जीवको सारा बुद्धिमा भवितव्य भैं।

---

४७ **हिम** : हिउँ। **काँठ** : शहर बजारका आसपासको क्षेत्र।
४८ **हिम** : हिउँ।
५० **हिमाऽऽचल** : हिमालय। **नदीरूप** : हिउँले भरिएको नदीरूपी।
५१ **ठाँटो** : पानीको माथिल्ले भागमा जमेको तुसारो। **सलिलमा** : पानीमा। **श्रीशुक्ला गण्डकी** : सेती गण्डकी।
५२ **भवितव्य** : भाग्यमा लेखिएका राम्रा नराम्रा घटना।

५३

हिमालका नदी-भित्र हिमको त्यो कडापन
भरिनाले सबै लागे हिम भैँ गँग्याउन ।

५४

त्रिशूली, कौशिकी, कृष्णा-गण्डकीहरुले शिर
लुकाये हिमको घुम्टो हाली टम्म उँभोतिर ।

५५

थिचदैछ तुषाराले सारा कमलको वन
नयाँ विचार-धाराले धर्म-जस्तै सनातन ।

५६

पद्म-पत्र सडे सारा हिलामा ती कठैवरी
गुणग्राही नपायेर मिल्कियेका गुणी सरी ।

५७

उस्तो जन-मनोहारी भरिलो पद्म-संहति
ठण्डी-शेष हुनू आजै धिक्कार विधिको गति ।

५८

नपारी बाहिरी ताप देखाई शीतलो-पन
कठै ! शिशिरले साह्रै शुकायो रसिलो वन ।

---

५३ **कौशिकी** : कोशी नदी ।

५५ **नयाँ विचारधाराले** : आधुनिक भौतिकताप्रधान सोचले ।

५६ **पद्म-पत्र** : कमलका पात । **गुणग्राही** : असल गुणका
पारखी ।

५७ **जन-मनोहारी** : सबै मानिसको मन हर्ने । **पद्म-संहति** :
कमलको समूह । **ठण्डी-शेष हुनू** : चीसाले मर्नु ।
विधिको गति : विधाताको विधान ।

५९

खडा-खडै सबै सिट्टी बने तेसै वनस्पति
प्रमेह-रोग लागेका रोगी भैं दुर्भगाऽऽकृति ।

६०

न ता वृक्ष-विषे पात, न ता भार कतै रती
जता हेर्‍यो उतै खाली उराठै लागने अति ।

६१

हालमा नयनाऽऽनन्दी हरियो कान्ति-माधुरी
गहुँ-बारी सिवा अन्त छैन यो पृथिवी-भरी ।

६२

गहुँका हरिया साना पातमा बिन्दु शीतका
पन्ना-माथी जडायेका मोति भैं देखिये निका ।

६३

पापी शिशिरको सेतो शीतलो शीत-निर्मित
छाता भैं रातमा चन्द्र देखिन्छन् शैत्य-पूरित ।

---

५९ **सिट्ठी बने** : सुकेर खड्ग्रङ्ग बने । **प्रमेह-रोग** : धातु
भर्ने अत्यन्त घातक रोग । **दुर्भगाऽऽकृति** : अत्यन्त
कुरूप आकार प्रकारका ।

६१ **हालमा** : आजभोलि । **नयनाऽऽनन्दी** : आँखालाई आनन्द
दिने । **कान्ति-माधुरी** : सौन्दर्यको मिठास ।

६२ **पन्ना** : हरियो रंगको आकर्षक रत्नविशेष ।

६३ **शैत्य-पूरित** : शीतले परिपूर्ण ।

६४

उनै पूर्ण कलाधारी सुखकारी सुधामय
इन्दुका चाँदनीबाट हुनथाल्यो सदा भय।

६५

धामी-तुल्य सबै लोक काँपेको देखि थर्थरी
चन्द्रले चाँदनी-रूप खित्का छोडे कि बेसरी ?

६६

चीसो तपतपाऽऽकार चाँदनी-रूप चादर
ओढी उग्र तपस्यामा मस्त छन् कि निशाकर ?

६७

हालमा चन्द्रको छैन सूर्यको भैं प्रशंसन
भला हुन्थ्यो सदाकाल कहाँ ज्यादा नरंपन।

६८

भयेदेखी हिजो आज उनै माथी उनै मनी
सहसा शीत-बाधाले शकदैन छुनै पनी।

---

६४ **पूर्ण कलाधारी** : पूर्णिमाको सोह्रै कलाले भरिएका ।
सुधामय : अमृतमय चाँदनीले परिपूर्ण । **इन्दु** : चन्द्रमा ।

६६ **तपतपाऽऽकार** : तप् तप् चुहुने खालको । **चादर** :
ओढ्ने । **निशाकर** : चन्द्रमा ।

६७ **प्रशंसन** : प्रशंसा । **सदाकाल** : सधैंभरी ।

६८ **उनै माथि उनै मनी** : तल पनि ऊन माथि पनि ऊन ।
शीत-बाधा : जाडाको पीर ।

६९

बढालू रसिला सोभा जाति-जस्ता उखूकन
लोक लाग्यो विजेता भैं चूर्ण पारी चपाउन।

७०

मुस्कीलले घुमेका छन् कोह्ल काई-कुई गरी
प्रारब्धको घचेटामा बिचरा सज्जनै सरी

७१

प्रारब्ध-यन्त्र भैं कोह्ल, उखू विषय कर्कश
कष्ट-साथ चलायेर भिक्नू-पर्छ सफा रस।

७२

समाती कोह्लको कात्री कष्ट-साथ कठैवरी !
रसलोभी घुमेका छन् लखचौरासिमा सरी।

७३

कोह्ल हर्द घचेटिन्छन्, अँचेटिन्छन् उखू सब
अन्तरैमा परी जान्छ सोभाको गुण-गौरव।

---

६९ **लोक** : जनता ।

७० **कोह्ल** : तेल पेल्ने परम्परागत यन्त्र । **प्रारब्ध** : पूर्वजन्ममा गरेका कर्मको परिणाम ।

७१ **प्रारब्ध-यन्त्र** : पूर्वजन्ममा गरेका कर्मको परिणामरूपी उपकरण । **कोह्ल** : उखू पेल्ने परम्परागत यन्त्र । **विषय** : भौतिक जगत्का भोग सामग्रीहरू । **कर्कश** : कठोर ।

७२ **कोह्ल** : उखू पेल्ने यन्त्र । **कात्री** : समाउने बाँड । **लखचौरासि** : चौरासी लाख जुनीहरूमा भोग्नुपर्ने जन्म मृत्युको चक्र ।

७३ **कोह्ल** : उखू पेल्ने यन्त्र । **अन्तरैमा** : बीचैमा । **गुण-गौरव** : गुणको महत्त्व ।

७४

धुलो पिठो भये सारा उखू त्यो कोल्हमा परी
कालका मुखमा मानू सृष्टिको महिमा सरी ।

७५

हेमन्त-कान्ति कालिन्दी, वासन्ती कान्ति जाह्नवी
प्रयाग-तुल्य दोरङ्ग माझको शिशिर-च्छवि ।

७६

वसन्त नगिचै आयो खुले केही दशै दिशा
अरुणोदय-वेलामा किन हुन्थ्यो महानिशा ।

७७

घटदै घटदै आयो छटा हेमन्तको सब
सङ्ग-माफिकको रङ्ग सबैको हुन्छ वास्तव ।

७८

उता हेमन्तको रङ्ग यता रङ्ग वसन्तको
अहो ! शिशिरको तेसै पाउने अब अन्त को ?

---

७४ **कोल्ह** : उखू पेल्ने यन्त्र ।

७५ **कालिन्दी** : यमुना नदी । **जाह्नवी** : गङ्गा नदी । **प्रयाग-तुल्य** : गङ्गा र यमुनाको संगम हुने प्रसिद्ध तीर्थस्थल भँ । **दोरङ्ग** : दुई रंगवाला । **शिशिर-च्छवि** : शिशिर ऋतुको शोभा ।

७६ **अरुणोदय-वेलामा** : सूर्य उदाउने समयमा । **महानिशा** : घनघोर रात्रि ।

७७ **सङ्ग-मफिकको** : सङ्गत अनुसारको ।

७९

राम्रो वसन्त भैं पुच्छ, मैलो हेमन्त भैं शिर

राख्यो शिशिरले खासा चोचो-मोचो दुवै-तिर ।

८०

पद्मिनीको महावैरी हिमको महिमा गयो

मालिन्य-दोषले शून्य सूर्यको विम्ब देखियो ।

८१

मिली अब सती प्यारी पद्मिनी यो भनीकन

राम भैं सूर्य लागे कि ? उत्तरै-तिर फर्कन ।

८२

वसन्तको कडा कोही अगुवा दूत भैं गरी

मैलो सबै सफा गर्दै सबै-तर्फ चल्यो हुरी ।

८३

बिचरा पान्थका लेखा भ्रामरीकै दशा सरी

लागी-रहन्छ रस्तामा दुःखदायी चिसो हुरी ।

८४

हावाको भुमरी-भित्र धुलाको छ उही गति

आफ्ना कर्मका साथ जीवको हुन्छ जो गति ।

---

७९ **पुच्छ** : पुच्छर । **चोचो-मोचो** : तालमेल ।

८० **पद्मिनी** : कमलिनी । **महावैरी** : महान् शत्रु । **हिम** : हिउँ । **मालिन्य-दोष** : मलिनतारूपी खराबी ।

८१ **पद्मिनी** : कमलिनी ।

८३ **पान्थका लेखा** : बटुवाका निम्ति । **भ्रामरीको दशा** : खराब ग्रहको दशा । **रस्ता** : बाटो ।

८५

माथीबाट भरे सारा पुराना पात वर्वरी
शक्ति-शून्य निरुद्योगी भाग्यका भक्त भैं गरी।

८६

लागदा पश्चिमा हावा पुराना दलको स्थिति
बदली वृक्षले केही देखाये सप्रने मति।

८७

भुत्रा पात थिये अस्ती, भरे आज तिनी सब
पालुवा पर्सि देखिन्छ, छैन केही असम्भव।

८८

उच्च निश्चल निष्पत्र ठिङ्ग वृक्षहरू सबै
देखिन्छन् भोगको तृष्णा त्यागेका अवधूत भैं।

८९

मरे-तुल्य बगैंचाको कुनाकानी अली अली
देखिये हृदयाऽऽनन्दी रसिला कुन्दका कलि।

९०

कमायें जगतैलाई भनी शिशिर पागल
खिस्स हाँस्यो कि देखाई दन्त भैं कुन्द-कुड्मल।

---

८५ **शक्ति-शून्य** : शक्ति नभएको। **निरुद्योगी** : उद्योग वा प्रयास नगर्ने।

८६ **दलको** : पातको।

८८ **निष्पत्र** : पात नभएका। **ठिङ्ग** : ठिङ्ग उभिएका। **अवधूत भैं** : त्यागी व्यक्ति भैं।

८९ **हृदयाऽनन्दी** : हृदय आनन्दित गराउने। **कुन्द** : माघ महिनामा फुल्ने सेता मसीना फूल **कलि** : कोपिला।

९० **कुन्द-कुड्मल** : कुन्द नामक फूलका ससाना कोपिला।

९१

दाउरा पातका निम्ती वन-भित्र पसीकन
ग्रामीण रमणी थाले 'शालैजू' गीद गाउन।

९२

तुषाराले मरेतुल्य बनायेको वनै सब
घनक्क घन्क्यो त्यै गीत-प्राण-सञ्चारले अब।

९३

पह्लाये दुइ-चारोटा कलिला फुलका कली
कृत्यको तत्त्व जानेका विज्ञ जस्तै अली अली।

९४

आरू र आलुचा आलू-बखडा पुष्प-भूषित
मानू वसन्तका दिव्य दूत भैं छन् उपस्थित।

९५

लागू जस्तो महाऽऽनन्दी फागूको रङ्गमा परी
विलासीजनको वृन्द रमायेको छ बेसरी।

---

९१ **ग्रामीण रमणी** : गाउँले सुन्दरी। **शालैजू** : एक प्रकारको
गाउँले गीत।

९३ **कली** : कोपिला। **कृत्य** : गर्नुपर्ने काम।

९४ **पुष्प-भूषित** : फूलले सजिएका।

९५ **महाऽऽनन्दी** : धेरै आनन्दले भरिएको। **विलासीजन** :
मोजमस्ती लिने मानिसहरू। **वृन्द** : समूह।

९६

काटचो जगतले जाडो धैर्य-शस्त्र लिईकन
रङ्गका निहुँले रक्त बहन्थ्यो नत्र यो किन ?

९७

उडेको छ जथाभावी अवीर पुरमा सब
लोकमा वीरकै हुन्छ प्रतिष्ठा, मान, गौरव।

९८

वसन्ती रङ्गका वस्त्र पहिरीकन अङ्गमा
क्या मजाले डुबेको छ दुनियाँ रस-रङ्गमा।

९९

यो हो श्रीकृष्ण-लीलाको रश्मि यौटा पुरातन
प्रकाश जसको हामी लिंदैछौं अभ्र पावन।

१००

पूर्णिमा तिथि हो आज पूर्ण भो शिशिर-स्थिति
भोली अवश्य देखिन्छ वसन्त मधुराऽऽकृति।

---

९६ **धैर्य-शस्त्र** : धैर्यरूपी हतियार ।

९७ **पुरमा** : शहरमा ।

९९ **रश्मि** : किरण । **पुरातन** : पुरानो । **पावन** : पवित्र ।

१०० **शिशिर-स्थिति** : शिशिर ऋतुको समय । **मधुराऽऽकृति** :
मनोहर आकार प्रकारवाला ।

सकल ऋतु-विचार प्रेमका साथ हेरी

गुण जति लिनु-होला दोषलाई नटेरी

भनि सकल गुणीका सामने भक्ति-साथ

अतिशय भुकि विन्ती गर्छ यो 'लेखनाथ' ।

इति शिशिर-विचार

समाप्त शुभम्